Así vivían los romanos

J. Espinós - P. Masiá
D. Sánchez - M. Vilar

Colección: Biblioteca Básica
Serie: Historia (Vida Cotidiana)

Diseño y maquetación: Nar
Dibujos: Carlos Álvarez Ga
José Luis L. Saura

Coordinación científica: Joaquim Prats i Cuevas
(Catedrático de Instituto y
Profesor de Historia de la
Universidad de Barcelona)

© del texto, Josefa Espinós, Pascual Masiá, Dolores Sánchez
y Mercedes Vilar, 1987
© de la edición española, Grupo Anaya, S. A., 1987
Juan Ignacio Luca de Tena, 15. 28027 Madrid

Primera edición, octubre 1987
Segunda edición, corregida, octubre 1988
Tercera edición, junio 1989
Cuarta edición, junio 1990
Quinta edición, junio 1991
Sexta edición, julio 1992
Séptima edición, mayo 1993
Octava edición, enero 1994
Novena edición septiembre 1994
Décima edición, julio 1995
Décimoprimera edición, septiembre 1996
Décimosegunda edición, septiembre 1997
Décimotercera edición, septiembre 1999

I.S.B.N.: 84-207-3367-9
Depósito legal: M-29.913-1999
Impreso en ANZOS, S. A.
La Zarzuela, 6. Polígono Industrial Cordel de la Carrera
Fuenlabrada (Madrid)
Impreso en España - Printed in Spain

*Reservados todos los derechos. El contenido de esta obra
está protegido por la Ley, que establece penas de prisión
y/o multas, además de las correspondientes indemnizaciones
por daños y perjuicios, para quienes reprodujeren, plagiaren,
distribuyeren o comunicaren públicamente, en todo o en parte,
una obra literaria, artística o científica, o su transformación,
interpretación o ejecución artística fijada en cualquier tipo
de soporte o comunicada a través de cualquier medio,
sin la preceptiva autorización.*

Contenido

¿Quiénes fueron los romanos?		4
1	Del nacimiento a la vida adulta	10
2	El urbanismo y la vivienda	24
3	Los ingenieros romanos	34
4	El vestido y el peinado	44
5	Creencias religiosas y supersticiones	50
6	Pan y circo	62
7	Deportes y pasatiempos	72
8	Banquetes y annona	76
9	Trabajo y esclavitud	84
Glosario		92
Indice alfabético		94
Bibliografía		96

¿Quiénes fueron los romanos?

Según la tradición y la leyenda, Roma fue fundada en el año 753 a.C. En su origen, fue una aldea de pastores provenientes de los montes Albanos y Sabinos, asentada sobre el Palatino y a orillas del río Tíber. A lo largo del siglo VI a.C., los etruscos, pueblo singular del Norte, cuyos orígenes aún no han sido del todo descifrados, hicieron de esta aldea una auténtica ciudad, con sus calles, plazas, mercados, tiendas, templos y edificios públicos.

Poco a poco, durante el período en el que los libros de Historia sólo nos hablan de Atenas, Pericles y de Alejandro Magno, Roma fue convirtiéndose en una poderosa ciudad-estado, fundiendo sus raíces autóctonas con las de los etruscos, e incorporando a través de ellos los elementos básicos de la civilización griega.

Sin darnos cuenta, encontramos a los romanos luchando en el siglo III a.C. contra los cartagineses, contra Asdrúbal y Aníbal, que intentaron conseguir la hegemonía del Mediterráneo occidental y que, incluso, a lomos de elefantes, intentaron dominar Roma, atravesando los Alpes, por el Norte de la península Itálica.

A lo largo de estos siglos remotos, Roma se constituyó en un estado fuerte; dejó de ser una ciudad-estado, a la manera griega u oriental, y se perfiló como una potencia militar, colonial y política, con aportaciones a la civilización de enorme trascendencia para la Historia occidental: la organización política, el concepto de ciudadanía, el Derecho, la organización militar, su religión cívica, simétrica de la griega (los mismos dioses con distintos nombres...) la planificación urbana y las obras públicas —acueductos, vías de comunicación, presas, puentes, etc.— y una afición especial por la Historia. Historiadores griegos y romanos (Diodoro Sículo, Diodoro de

Halicarnaso, Tito Livio, Catón *el Viejo,* Polibio, Julio César, Tácito, Salustio) nos narran una y otra vez la Historia de Roma, de la República, del Imperio y de sus leyendas de fundación. Sin embargo, dilucidar cuáles son los elementos históricos, cuáles son simplemente legendarios o meras justificaciones patrióticas es una tarea que no ha sido resuelta del todo.

La fundación de Roma: Rómulo y Remo

El historiador Tito Livio narra la leyenda de la fundación de Roma, intentando entroncar sus orígenes con Eneas, héroe troyano.

Según Tito Livio, en el siglo VIII a.C. reinaba en Alba Longa, ciudad del Lacio fundada por un descendiente de Eneas, el rey Numitor. Su hermano, llevado por la ambición, lo expulsó del trono y consagró a la hija de Numitor al culto de la diosa Vesta. Pero Marte se enamoró de ella, y de su unión nacieron los gemelos Rómulo y

Según la leyenda, Rómulo y Remo, fundadores de Roma, fueron amamantados por una loba (la «loba capitolina»). Un escultor etrusco representó así a la loba en el siglo VI a. C. Arriba, una moneda romana acuñada en el 220 a.C.

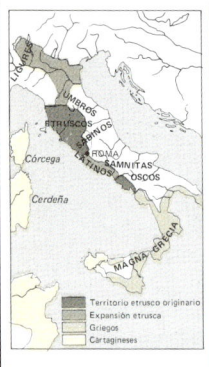

Según la leyenda, Roma fue fundada en el 753 a.C. por Rómulo y Remo. En el 509, los romanos se liberaron de los etruscos y constituyeron la República. En el 264 a.C. su expansión comercial les enfrentó con los cartagineses, a los que derrotaron tras años de lucha. En el 59 a.C., César conquista las Galias, y en el 44 se convierte en dictador y es asesinado. El Imperio comienza en el 27 a.C., con Augusto; dura hasta el siglo V d.C., en que el Imperio Romano de Occidente se derrumba. El de Oriente, sin embargo, se mantuvo hasta la conquista de Constantinopla por los turcos, en el siglo XV.

Remo. El nuevo rey se asustó y ordenó que los arrojaran al río Tíber; sin embargo, un servidor se apiadó de ellos y los depositó en un cesto que flotó sobre el río, hasta llegar a una orilla. Allí los encontró una loba, que los crió amamantándolos. Cuando los gemelos fueron mayores, se enfrentaron al emperador y restituyeron el trono a su abuelo Numitor. Ellos se instalaron en una colina, cerca del lugar donde fueron alimentados por la loba, y la rodearon con un muro de piedra. Así cuenta la leyenda los comienzos de la ciudad de Roma.

¿Cuándo vivieron?

Tradicionalmente, se viene distinguiendo en la Historia de Roma tres grandes períodos: Monarquía, República e Imperio.

La Monarquía. Se extiende desde el siglo VIII a.C. hasta el año 509 a.C.; es la época del surgimiento del Estado romano y la creación de un nuevo sistema político.

La República. Desde el año 509 a.C. al año 30 a.C. (muerte de Marco Antonio); época de creación de la unidad itálica y expansión del Estado romano por el Mediterráneo.

El Imperio. Desde el año 30 a.C. al año 476 d.C. (año de la caída de Roma a manos de los bárbaros).

Este período se suele subdividir en tres etapas:
- Principado o Alto Imperio.
- Crisis del siglo III.
- Bajo Imperio.

Las formas de vida descritas en este libro corresponden a un período largo, a caballo entre la República y el Imperio: los tres siglos últimos de la República y los tres siglos primeros del Imperio. A partir de entonces, las costumbres y las mentalidades de los distintos grupos sociales empezaron a cambiar paulatinamente.

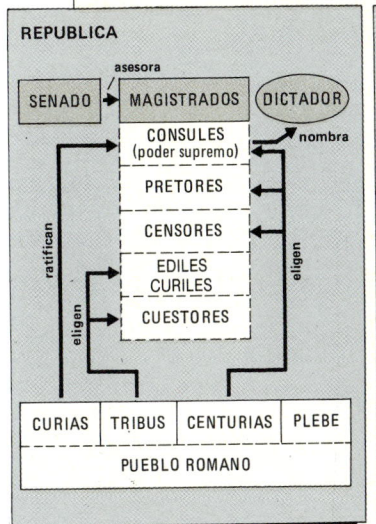
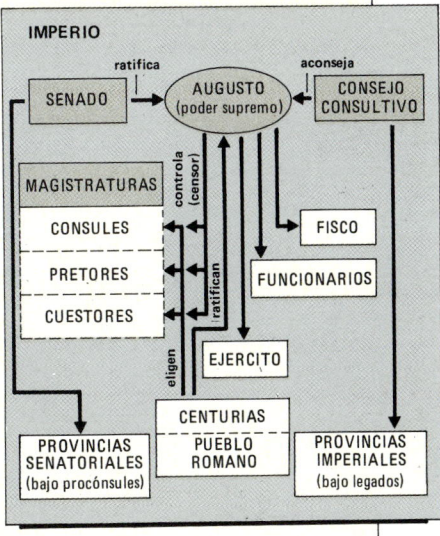

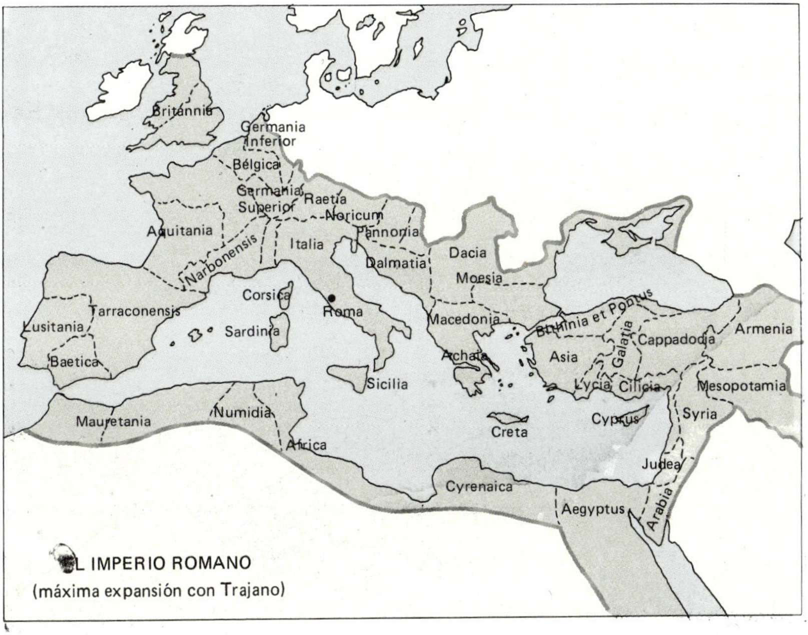

EL IMPERIO ROMANO
(máxima expansión con Trajano)

El Imperio Romano fue un gran cuerpo cuyas células eran las ciudades. Gracias a sus órganos de poder local éstas gozaban de una gran autonomía. La primera entre ellas, la gran metrópoli, era Roma, que pudo tener hasta un millón de habitantes en los momentos de mayor esplendor. Junto a ella, las ciudades más importantes fueron Cartago, Alejandría, Antioquía y Efeso. Una amplia red de calzadas unía el tejido urbano, facilitando el contacto entre Roma y el resto de las poblaciones. La vida urbana constituyó la base de la rápida romanización del Imperio. En esta imagen de Roma destaca el Tíber, en primer término. En el centro se ve el Gran Circo (Circo Máximo) y al fondo a la derecha, el Coliseo o *Amphiteatrum Flavium* (ya que fue construido por la familia de los Flavios); cerca de él, el Foro. Sobre todo, en esta maqueta destaca el trazado urbanístico de la ciudad.

9

1

Del nacimiento a la vida adulta

Al nacer, el niño, o la niña, era colocado a los pies del padre. Si éste lo levantaba y lo cogía en sus brazos, manifestaba que lo reconocía como hijo y se comprometía a su crianza y educación. Pero si el padre consideraba que ya tenía demasiados hijos o que carecía de medios para criarlo, era libre de exponerlo.

Como se ve, la familia romana no se parecía mucho al modelo de familia de nuestro tiempo. En primer lugar, los padres no tenían la obligación, ni moral ni jurídica, de aceptar todos los hijos nacidos del matrimonio. La exposición de los niños recién nacidos, es decir, su abandono público para que fueran adoptados por otras familias, constituía una práctica habitual y legal, tanto en las familias pobres como en las ricas, patricias o plebeyas. El abandono de niños legítimos estaba motivado por la miseria, en el caso de unos, y por la política patrimonial, en el caso de otros; era una manera de evitar la excesiva parcelación de las herencias.

En Roma, delante del templo de la *Pietas,* estaba la llamada columna lactaria; a su pie eran depositados los bebés abandonados, que habitualmente eran recogidos (si lo eran) por personas cuyo único fin era explotarlos como esclavos, mendigos o prostitutas si eran niñas. Los niños deformes o inútiles, o los simplemente débiles, eran eliminados. El propio Cicerón, en uno de sus escritos dice: «Sea muerto enseguida el niño deforme, según disponen las XII Tablas.»

El adoptado tomaba el apellido del nuevo padre. El infanticidio del hijo de una esclava también era admitido como normal y la decisión de aceptarlo o no corresponde al amo de la esclava.

En Roma un ciudadano no tenía un hijo, literalmente lo cogía, lo levantaba *(tollere).* El jefe de familia decidía aceptarlo o no. Unicamente, con el transcurrir de los siglos, y gracias a la expansión de la nueva moral estoica, que abriría el paso a la cristiana, esta práctica se convirtió en ilegal, y hasta que eso ocurrió, durante una época, fue objeto de condena o reprobación moral, pero no legal.

Los niños expuestos era raro que sobreviviesen, y, a veces, la exposición no era sino un simulacro, para encubrir que la madre lo había confiado ya a unos vecinos, o a algún liberto, para que lo criase y lo educase. La esposa del emperador Vespasiano tuvo este origen.

Las familias romanas parecen no haber sido muy prolíficas. La ley establecía un privilegio a los nobles que tenían tres hijos, lo cual era sintomático de un número ideal de vástagos. Parece que se practicaba un cierto control de natalidad, sin demasiadas restricciones morales y sin prohibiciones legales.

La vía para ampliar la familia no era únicamente tener hijos en *justas bodas,* según la expresión romana. Había dos maneras de tener hijos: engendrarlos y adoptarlos. La adopción era un método para evitar que una familia careciese de descendencia y también era una manera de ad-

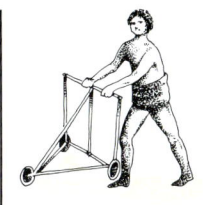

Arriba, un niño aprendiendo a caminar con un tacataca. En las casas ricas, los niños eran enviados al campo, con su nodriza y el pedagogo, para que se educasen en un ambiente sano. En la base, niños jugando. Los niños romanos de familias acomodadas disponían de abundantes juguetes, desde muñecas y soldaditos con todas sus armas y armaduras hasta aros, carros, etc.

quirir un *estatus* social. Para ser nombrado gobernador de provincias, por ejemplo, había que ser *paterfamilias*. El emperador Octavio fue hijo adoptivo y heredero de César.

La educación y la escuela

El recién nacido recibía el nombre a partir del día octavo, si era niño, y del noveno, si era niña. Primero tomaba el *praenomen* (nombre de pila), luego el *nomen* (el de la familia) y por último el *cognomen* (el de la gens). Desde el primer día se le ponían amuletos. Los primeros juguetes eran los sonajeros *(crepitacula)* a los que seguían otros de índole muy variada. La lactancia y los cuidados primeros eran confiados a una nodriza *(nodrix)*, que solía convertirse en su segunda madre.

Hasta la pubertad, los niños se le confiaban a un pedagogo, llamado también *nutritor* o *tropheus*. El niño se dirigía al padre, llamándole *domine*, pero se relacionaba más con los domésti-

Arriba, un juego infantil de todos los tiempos: a caballito. Abajo, un médico examina el abdomen hinchado de un niño (bajorrelieve del Museo Británico). Roma heredó la tradición médica de Grecia. Los mejores libros de medicina estaban escritos en griego y los médicos griegos gozaban de una excelente reputación entre los romanos. El número de profesionales de la medicina era elevado; cada región tenía sus médicos, y en las escuelas de gladiadores había uno que curaba las heridas y las enfermedades, marcaba la dieta y regulaba el descanso. Galeno, uno de los médicos más famosos de todos los tiempos, fue médico de gladiadores.

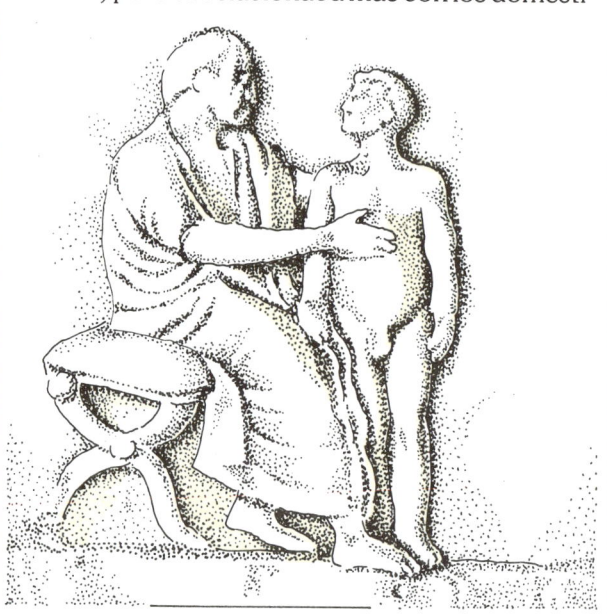

cos, la nodriza y el pedagogo, que con sus propios padres. La nodriza le enseñaba a hablar (en las familias ricas solía ser griega) y el pedagogo a leer.

La escuela *(schola)* era una institución reconocida. El calendario religioso marcaba los días de descanso. Las clases se daban por las mañanas y a ellas acudían niños y niñas; a los doce años, se separaban. Sólo los niños, si eran de familia rica, continuaban estudiando. Un *grammaticus* les enseñaba los autores clásicos y la mitología; algunas niñas tenían un preceptor que les enseña los clásicos. Sin embargo, a los catorce años la niña era considerada ya una adulta *(domina, kyria)*.

Los niños aprendían fundamentalmente retórica. En la parte griega del imperio, la escuela constituía un sector de la vida pública. Tenía por marco la *palaestra* o el *gymnasium*. El currículo estaba compuesto por Lengua Materna (Griego), Homero, Retórica, Filosofía, Música y

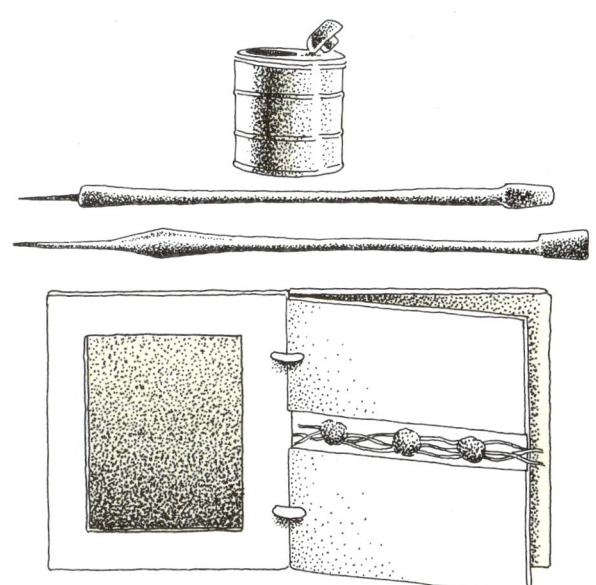

Los útiles de escritura eran muy variados. Usaban el papiro y el pergamino como nosotros el papel, aunque también escribían sobre tablillas enceradas y sobre marfil. Pero estos materiales eran muy caros, pesados y difíciles de manejar. Hoy se consume más papel en un día que pergamino y papiro en varios años en Roma. Al aprendizaje de la escritura sólo tenían acceso unos pocos, los más pudientes. Arriba, rollos de papiro en un estuche. Abajo, útiles de escritura (punzones y tintero) y un libro hecho a base de tablillas de cera.

El pedagogo es un educador que acompaña al niño en todo momento; lo recibía de manos de la nodriza a partir de los siete años y no le perdía de vista ni de día ni de noche, vigilándole en los juegos, en las comidas, en el sueño... Completaba la labor del maestro, ayudando al niño en la preparación de sus trabajos escolares. Los pedagogos solían proceder de Grecia. Su función terminaba al tomar el joven la toga viril. Por otra parte, la enseñanza, al menos la primaria, se dirigía tanto a los niños como a las niñas, sin separación (de los siete a los doce años) de sexos. Arriba, una joven pompeyana reflexiona ante un libro, dándonos una imagen de la vida de las clases superiores.

Deporte. Los griegos no aprendían Latín, mientras que los romanos de la mitad occidental del Imperio aprendían Latín y Griego y concedían menor importancia al Deporte y la Música. Sin embargo, y dado que la escuela era una institución sufragada por el dinero de los ciudadanos que enviaban allí a sus hijos, una parte muy numerosa de la población infantil estaba privada de ella. Los textos clásicos ofrecen muchos ejemplos de niños que trabajaban a edades muy tempranas en oficios muy diversos y nada hace suponer que asistieran a la escuela, a partir de los 12 años.

A los dieciséis o diecisiete años los niños «ricos» abandonaban la escuela y optaban por la carrera pública *(cursus honorum)* o el ejército.

No había mayoría de edad legal, y dejaban de ser impúberes cuando el padre o tutor les vestía con la *toga virilis,* es decir, con vestidos de hombre. Era frecuente que hasta el matrimonio, los jóvenes gozasen de una cierta indulgencia paterna, se asociasen en los *collegia juvenum,* y practicasen deportes, esgrima, caza y otras actividades grupales. Para los jóvenes romanos, pubertad e iniciación sexual eran prácticamente sinónimos, mientras que para las jóvenes, su virginidad tenía un carácter casi sagrado.

Hasta que el padre no moría, el hijo no podía convertirse en *paterfamilias* ni tener un patrimonio propio. Hasta ese momento, el padre le asignaba un *peculium* y el hijo —o la hija si no estaba casada o divorciada— continuaba bajo su autoridad (la famosa *patria potestas*). El padre podía incluso condenarlos a muerte en sentencia privada. Los únicos romanos plenamente libres eran aquellos varones que, huérfanos de padre, podían constituirse en *paterfamilias* y tener un patrimonio propio. Las mujeres eran eternas menores, siempre bajo la tutela de algún varón.

Para la moral social romana el matrimonio tenía como fin perpetuar la familia mediante la procreación de nuevos hijos. El *paterfamilias* tomaba una mujer para tener hijos, pero no estaba obligado a aceptar a todos los que le viniesen. El padre podía incluso impedir la concepción y ordenar el aborto, que sólo era castigado si se practicaba a sus espaldas. Si el niño nacía, aún había de pasar por otro trámite: ser recibido como hijo y no abandonado. Los solteros, por otra parte, eran mal vistos en Roma; se les consideraba personas egoístas que no deseaban colaborar en el bien común, y se les aplicaban fuertes impuestos.

Los romanos tenían por costumbre dar marido a las hijas cuando éstas eran aún muy jóvenes, lo que imponía a las muchachas una vida retirada cuando llegaban a la edad adulta; entonces esperaban a que el padre les buscase un novio. La unión de los jóvenes dependía casi exclusivamente de los padres. Aquí la diosa Venus ejerciendo funciones de *pronuba*. Arriba, medalla de Venus.

El matrimonio

El matrimonio en Roma era un acto privado que ningún poder público sancionaba. No se precisaba intervención de ninguna autoridad civil o religiosa. En caso de litigio por una herencia, el juez decidía, por indicios, si un hombre y una mujer estaban casados en *justas bodas*. La ceremonia no dejaba, necesariamente, documento escrito. Sin embargo las llamadas *justas bodas* tenían indudables efectos jurídicos: los hijos engendrados eran legítimos, tomaban el nombre del padre, continuaban la línea de descendencia y eran los herederos del patrimonio.

Sin embargo, aunque la ceremonia no era necesaria para la constitución del vínculo jurídico entre los esposos, la tradición y el carácter sagrado que conllevaba, la convertían en un acontecimiento importante.

Se elegía cuidadosamente la fecha, evitando los días y los meses de malos augurios, La noche antes, la esposa consagraba a una divinidad los juguetes de su infancia. Iba vestida con el traje nupcial *(tunica recta)*, que se ceñía con un cinturón *(cingulum)* anudado de forma típica y que era desatado por el novio la noche de la boda, y con un velo rojizo *(flammeum)*. Se adornaban

las habitaciones de la casa del novio y de la novia con flores, guirnaldas, tapices, etc. La ceremonia se iniciaba con los auspicios, para conocer la voluntad de los dioses. Después, en ciertas casas, se procedía a la firma de los *tabulae nuptiales* o contrato, donde se estipulaba la dote. A continuación la *pronuba,* una matrona que hacía las veces de madrina, unía las manos derechas de los cónyuges, poniendo una sobre otra. Cumplidos estos requisitos, se celebraba la cena nupcial en casa de la novia. Tras el banquete, hacia el anochecer, comenzaba la ceremonia del acompañamiento de la esposa a casa del esposo, la *deductio,* que era una reproducción ritual del rapto de las Sabinas. La novia se echaba en los brazos protectores de su madre y el novio la arrancaba de ellos violentamente. Se fingían lágrimas y lamentos. Enseguida se disponía el cortejo hacia la casa del novio, que se adelantaba para recibir a la novia a la puerta; ésta avanzaba llevando el huso y la rueca, símbolos de su futura actividad doméstica, e iba acompañada de tres jóvenes que tuviesen vivos a su padre y a su madre. Seguía una muchedumbre emitiendo un grito nupcial, el *talasse.*

La ceremonia de la *dextrorum coniuctio,* unión de las manos de los cónyuges por la que se sellaba el contrato matrimonial en prueba de lealtad y respeto mutuo, era el momento más solemne del ritual de la boda. Cuando el matrimonio se celebraba por *confarreatio* (ceremonia religiosa de origen arcaico), se requería la presencia del *Pontifex* y del *Flamen Dialis,* sacerdote mayor de Júpiter. Se hacía sentar a los esposos, con las cabezas tapadas, sobre dos sillas cubiertas con la piel de una víctima sacrificada. Luego daban la vuelta al altar y comían un pan de trigo.

El matrimonio en la sociedad romana adquirió dos formas. En la más antigua, la mujer entraba a formar parte de la familia del marido y quedaba bajo su poder marital, prácticamente en las mismas condiciones que los hijos para todo lo relacionado con los derechos familiares y sucesorios. El otro tipo de matrimonio era el libre; en él, la mujer continuaba perteneciendo a la familia paterna, sujeta a la *potestas* de su propio padre y conservando los derechos de la familia de origen. Este segundo tipo era más normal que el antiguo y se disolvía con facilidad; bastaba, por ejemplo, que el marido enviase a la mujer una nota diciéndole «toma contigo lo tuyo».

Las *justas bodas* estaban reservadas para los hombres libres. Los esclavos no tenían derecho al matrimonio (se entiende que vivían en estado de promiscuidad sexual), excepto un sector de ellos, privilegiado, que desempeñaba cargos de responsabilidad en las casas patricias y en la administración imperial y que vivía en estado de concubinato.

El divorcio, dada la escasa institucionalización del matrimonio, era fácil y cómodo, desde el punto de vista jurídico, tanto para la mujer como para el marido: bastaba que uno de ellos abandonase el hogar con la intención de divorciarse.

La esposa, divorciada por mutuo consentimiento, o repudiada, abandonaba el domicilio conyugal llevándose su dote. Parece que los hijos permanecían siempre con el padre.

Las mujeres, como hemos visto, siempre estaban bajo la tutela de un varón: el padre, el marido, incluso un tío o un hermano, cuando divorciadas volvían al hogar del padre, si éste había muerto. Sin embargo, la mujer libre romana tenía algunos derechos: era igual a los hombres ante la herencia y poseía su dote, a la que raras veces renunciaba. Las mujeres de familia rica tenían cierta libertad de movimientos: acudían a banquetes con su maridos, se paseaban por la ciudad de compras, iban a visitar a sus amigas y, algunas de ellas, influirían en la política de Roma, aunque siempre a través de algún varón.

Sin embargo, la poca institucionalización del matrimonio o *justas bodas,* la relativa facilidad de disolución del vínculo (incluso no era necesario prevenir al cónyuge, hasta el punto de que un esclavo, portador de un billete, en el que figuraba una fórmula habitual: «coge lo tuyo y vete», servía de mensajero del repudio entre los esposos), no debe hacernos pensar que los romanos concedían poca importancia a la institución familiar, o que veían con buenos ojos los divorcios.

Socialmente, la mujer con un sólo marido *(univira)* era mejor considerada que aquella que había compartido varios esposos. Del mismo modo, el concubinato estaba mal visto y considerado un estado propio de esclavos o de libertos. La tradición republicana, donde la familia era base indiscutible de la sociedad patricia, perdurará en el Imperio. Incluso en las épocas de costumbres más relajadas, los filósofos, los moralistas y los padres de la patria, abogaban por la estabilidad del vínculo matrimonial.

La única esfera de la actividad pública en la que las mujeres romanas podían participar era la religión, y algunas de ellas nos son conocidas como sacerdotisas de algún culto. De todo el resto de las actividades cívicas (la guerra, la política y la ley), las mujeres estaban excluidas. Ninguna voz se alzó para que tuvieran derecho al voto, del mismo modo que nadie se le ocurriría que los esclavos pudieran ser libres. El *estatus* político de las mujeres y de los esclavos fue, en este sentido, similar. Los autores clásicos nos transmiten con alguna excepción, la imagen de una mujer dedicada a las virtudes domésticas. Arriba, Livia, mujer primero de Tiberio Claudio y después de Augusto. Tuvo una enorme influencia política.

Los maestros de escuela romanos *(ludi magister,* ya que la escuela se llamaba *ludus)* eran de condición humilde, con frecuencia extranjeros y libertos. También los gramáticos, encargados de la enseñanza secundaria, procedían de la esclavitud. Era habitual que los maestros no pudiesen vivir de su salario y hubiesen de ocuparse de otras tareas, como redactar documentos, cartas, etc. Según el escritor Plutarco, el primer maestro que tuvo una «tienda de instrucción pagada» fue un liberto en el siglo III a. C., de donde se deduce que hasta entonces la instrucción fue gratuita.

Libertos, esclavos y clientes

La casa romana estaba compuesta por el *paterfamilias,* la mujer casada en *justas bodas,* dos o tres hijos e hijas, los esclavos domésticos, los libertos —antiguos esclavos manumitidos o emancipados— y algunas decenas de hombres libres, los fieles o clientes, que cada madrugada desfilaban ante la antecámara de su protector o patrón, para hacerle una rápida visita de homenaje *(salutatio).*

El fenómeno sociológico de los libertos y de los emancipados era una de las peculiaridades más interesantes de la familia y de la sociedad romanas.

Primero, cabe preguntarse por qué un amo liberaba a sus esclavos. Había tres situaciones favorables para ello: cuando el esclavo moría para que tuviese sepultura de hombre libre; a la muerte de su amo, que en el testamento liberaba a muchos de sus esclavos domésticos como prue-

ba de su generosidad; también, los esclavos eran capaces de rescatar su libertad comprándola, ya que después de haber pasado años haciendo de intermediarios del amo en sus negocios habían acumulado algunos beneficios. Normalmente, cuando eran liberados por testamento, se les dejaba alguna propiedad o patrimonio económico. Muchos emancipados permanecían en la casa haciendo las mismas funciones, aunque con mayor dignidad. Esta capacidad de emancipar y de rescatar la libertad daba lugar a gran variedad de situaciones complejas: padres esclavos, comprados por sus hijos libertos; hijos esclavos, comprados por sus padres libres; bastardos, manumitidos por sus amos, que a su vez son sus padres, etcétera.

Todos los libertos conservaban los lazos de fidelidad a sus casas originarias, de lo contrario hubieran sido considerados libertos ingratos.

La misma situación de agradecimiento, de obsequiosidad, tenían los clientes con respecto a

Los libertos, en su mayoría, eran comerciantes, artesanos o estaban dedicados a los negocios. Su nivel cultural era bajo, ya que se criaron como esclavos y éstos no iban a la escuela. Las familias constituidas por libertos intentaban imitar, en la medida de sus posibilidades, las formas de vida de las clases altas, convirtiéndose en una especie de «nuevos ricos», con una posición económica desahogada pero sin capacidad para codearse con los «aristócratas» por su falta de educación... En el siglo VI, el Emperador Justiniano (arriba) los declaró ciudadanos sin distinción alguna.

Los patricios, los únicos con derechos a acceder a las magistraturas y a los cargos religiosos, necesitaban, sin embargo, el apoyo del mayor número de ciudadanos para salir vencedores en las elecciones. De este modo apareció la *clientela*, formada por individuos libres y ricos en la mayoría de los casos que, a cambio de protección y defensa de sus intereses, les debían respeto y ayuda durante las elecciones. Patricio y cliente quedaban ligados por el *ius patronatus*, derecho que regulaba la protección y la ayuda mutua que se debían.

sus patrones. Pero, ¿qué era un cliente? Era un hombre libre que rendía homenaje al padre de familia. Podía ser rico o pobre, a veces incluso más rico que su patrón. Se podían distinguir cuatro clases: los que querían hacer una carrera pública y contaban con el apoyo del patrón; los hombres de negocios, que estaban favorecidos por la influencia política del patrón; los intelectuales (poetas, filósofos) que para vivir contaban con la limosna del patrón; y aquellos que aspiraban a heredar, aunque perteneciesen a una capa social similar a la del patrón.

La *salutatio* matinal era un rito y faltar a él hubiera sido traicionar el vínculo de las clientelas. Se ponían vestidos de ceremonia *(toga)* y cada visitante recibía simbólicamente una especie de propina *(sportula)*, que a los pobres les permitía comer. Los clientes eran admitidos en la antecámara del patrón según una jerarquía rígida y éste tenía una gran autoridad moral sobre ellos.

La casa, la familia, impartía sobre todos sus miembros un gran peso, y a través de ellos se ejercía el poder social y el político.

También se ejercía a través de la autoridad del jefe de la familia una influencia importante. De esta forma, durante la época de las persecuciones contra los cristianos, familias enteras —incluidos sus esclavos, libertos y clientes— se convirtieron al cristianismo o, en el extremo opuesto, apostataron asustados por los castigos.

Estar ligado a un «patrón» notable era la manera de participar en el gobierno de la ciudad. No hay que olvidar que en el mundo romano los notables constituían el Senado y los Consejos de la red de ciudades del Imperio, y a través de ellos sus «clientes» compartían el poder político y participaban de su prestancia social. De esta manera se fue tejiendo una tupida y complicada red de influencias políticas, sociales y económicas. Muchos notables se proponían tener su red de clientes en una ciudad determinada, de forma que pudieran influir en el poder político y en el gobierno de ésta.

Vale la pena detenerse un poco más sobre el *estatus* social y la forma de vida de los libertos, grupo social que llegó a ser con el tiempo extraordinariamente importante desde el punto de vista económico. En las ciudades los libertos eran comerciantes, artesanos o tenían a su cargo negocios, a veces prósperos. Un sector de ellos también hizo carrera en el funcionariado, desempeñando tareas más o menos especializadas al servicio de la poderosa maquinaria del Estado romano. Algunos de ellos llegaron a tener importantes fortunas, a veces superiores a las de los clientes de su mismo patrón, situación que creaba tensiones y envidias dentro de la propia familia. Sin embargo, su origen esclavo era un estigma que les perseguía para siempre, extendiéndose su influencia a la vida de sus propios hijos. Sufrían, también, la envidia de muchos hombres libres porque disfrutaban de un nivel de vida superior al de ellos.

Sus costumbres eran a veces propias de su antigua condición de esclavos: por ejemplo, era normal que vivieran en concubinato, aunque podían contraer matrimonio en «justas bodas». Probablemente este fenómeno se debía a que frecuentemente habían tenido los hijos cuando el liberto o su mujer eran aún esclavos; por ello, los hijos pertenecían al patrón. Pero el verdadero tormento de los libertos era la incertidumbre sobre su verdadero lugar en la sociedad. Si atendemos al lujo de sus vestidos, de sus casas o al número de esclavos que tenían, no cabe duda de que algunos de ellos llevaban un tren de vida de «nuevos ricos», pero no conseguían llegar a superar el estatus de «ciudadanos de prestado».

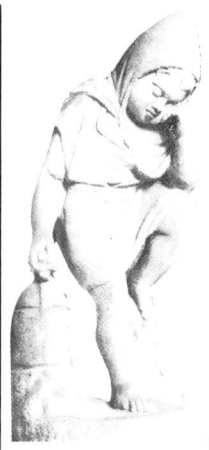

Los esclavos no podían defenderse de los malos tratos del dueño, ni tener bienes propios ni contraer matrimonio. En algunas épocas, se les permitió tener un *peculium,* pequeña cantidad de dinero que podían ahorrar para sus gastos o para llegar a comprar su libertad. También se le consintió escoger entre las esclavas una compañera y vivir en una especie de «matrimonio servil», llamado *contubernium,* aunque los hijos habidos eran esclavos. El emperador Adriano, en el siglo II, quitó al patrón el derecho a disponer de la vida de los esclavos.

2

El urbanismo y la vivienda

Cuando repasamos la historia de Roma, nos damos cuenta de cómo una ciudad fue capaz de formar a su alrededor un imperio de enormes proporciones. La romanización de tantas tierras conquistadas tuvo su soporte principal en la red de miles de ciudades que constituían el Imperio. Del mismo modo que otros elementos de la cultura romana están presentes en el mundo de hoy y nos permiten conocer diferentes aspectos de la misma, las ciudades nos enseñan mucho sobre una civilización que duró más de mil años.

Para saber cómo era la vida urbana en el mundo romano, podemos acudir a los restos arqueológicos de ciudades tan bien conservadas como Pompeya o Timgad, pero ésta no es la única fuente de información. Además es muy posible que vivamos en una ciudad de origen romano y que podamos apreciar su habilidad para seleccionar el sitio y trazar el plano de las calles. Ello nos mostrará hasta qué punto la planificación urbanística tuvo importancia en la fundación de nuevas ciudades.

La planificación urbana

El modelo más antiguo para los nuevos asentamientos fue el *castrum,* recinto rectangular amurallado con una avenida central en forma de cruz. Eran pequeñas guarniciones, de unas trescientas familias, destinadas a proteger algún lugar de valor estratégico y demasiado reducidas para llegar a la categoría de ciudad. Con el tiempo, podían crecer de manera incontrolada más allá de sus murallas.

Pero el tipo que los romanos adoptaron comúnmente en las ciudades planeadas desde el principio como autosuficientes fue el de la planta hipodámica (de Hipodamos, arquitecto) que conocieron por su contacto con los griegos.

Era éste un tipo de ciudad articulada a partir de dos calles principales, el *decumanus* con dirección Este-Oeste y el *cardo* con dirección Norte-Sur, que eran la referencia para un trazado de calles paralelas y perpendiculares que dejaban entre sí manzanas regulares para edificar viviendas. Inevitablemente las ciudades habían de adaptarse al terreno pero, si éste lo permitía, toda la urbe formaba un rectángulo amurallado cuyas cuatro puertas se abrían al final de las dos vías principales.

Gracias a la planificación, podían situarse de una manera racional los edificios públicos y las construcciones de mayor envergadura. Estos servían tanto a las necesidades de la vida social y económica (templos, curias, basílicas, bibliotecas y mercados), como a la higiene (baños y letrinas públicas). Del mismo modo se creaba la infraestructura que garantizase servicios públicos como el abastecimiento de aguas (acueductos y fuentes) o la red de alcantarillado.

Los urbanistas romanos tuvieron también presente que la mayor parte de la vida pública se hacía al aire libre y pensaron en ciudades desti-

Las ciudades de fundación nueva adoptaban la planta hipodámica. Las calles estaban dispuestas paralela y perpendicularmente, a la misma distancia, formando manzanas de dimensiones similares. Abajo, vista aérea de las ruinas de la ciudad de Timgad (Argelia), a la que se llama «la Pompeya africana». Fundada por Trajano el año 100.

Las puertas (arriba) abiertas en la muralla que rodeaba la ciudad, estaban compuestas por tres vanos: uno, más grande, para el paso de carruajes y caballos, y los dos más pequeños para los peatones. Se cerraban con puertas de madera y rejas, también de madera, pero recubiertas con planchas de bronce. El foro (abajo) era el centro civil y religioso de la ciudad romana.

nadas a los peatones. De ahí la relativa abundancia de espacios que tenían por fin dar cabida a las gentes, como jardines, calles porticadas con columnas, plazas o la prohibición del tráfico rodado durante el día.

Pero la importancia de la planificación urbanística no debe hacernos imaginar ciudades idílicas. Por el contrario, muchas aglomeraciones urbanas, especialmente las de fundación anterior, carecían de toda clase de ordenamiento y eran un caos de callejas irregulares y casas hacinadas. La misma Roma, situada en un emplazamiento complejo, con colinas y con un río, sometida a un rápido crecimiento, era un conjunto anárquico en el que se mezclaban los grandes edificios políticos con las viviendas humildes.

Además, las ciudades romanas eran tremendamente ruidosas, tanto de día como de noche, y los derrumbamientos e incendios, a causa de los edificios de madera y las lámparas de aceite, constituían un peligro frecuente pese al trabajo de brigadas de bomberos con mantas húmedas y bombas de mano. Como decía Juvenal, «para dormir hace falta mucho dinero», aludiendo a

que sólo aquellos que disfrutaban de una casa grande podían aislarse del estruendo callejero.

Prueba de que la planificación urbanística no recogía todos los detalles lo demuestra un hecho aparentemente trivial. En las ciudades antiguas, Roma incluida, las calles no llevaban nombre y carecían de numeración. Ello suponía grandes dificultades para orientarse, especialmente en las ciudades importantes y en las que tenían un plano irregular.

Las pocas calles que tenían nombre eran tan largas que no se podía precisar un lugar con exactitud. De ahí que los romanos hubiesen de tomar otros puntos de referencia como edificios públicos, estatuas, jardines o la casa de algún personaje importante, lo que convertía las indicaciones en largas y complicadas.

El modo más corriente de designar un lugar lo facilitaba el predominio de tiendas o actividades de una determinada clase, por ejemplo, la «calle de los orfebres» o la «plaza de las hierbas».

Las calles de las ciudades romanas, con pavimento empedrado, tenían amplias aceras. Cada cierto trecho, la calzada estaba atravesada por una hilera de bloques de piedra para facilitar el cruce de los peatones y evitar que los vehículos alcanzasen demasiada velocidad.

27

Las villas romanas eran a la vez residencias campestres y granjas productivas. Las grandes villas estaban situadas en el campo o en las afueras de la ciudad, en medio de los campos de labranza. Sus dimensiones y características dependían de la riqueza de sus propietarios. En el dibujo vemos la explotación agrícola junto a la parte posterior del edificio, que termina en una zona de esparcimiento ajardinada, aislada del exterior por un grueso muro. Es una reconstrucción de la villa Settefinestre, del siglo I a.C.

Domus, insulae et villae

Cuando la vida urbana está muy desarrollada en una civilización es porque ésta ha alcanzado un grado de complejidad que se manifiesta en la gran diversidad de actividades existentes en la sociedad, entre cuyos miembros hay diferencias económicas y sociales importantes. Un símbolo de las mismas suele ser la vivienda que se ocupa. Por esta razón, hemos de pensar que entre los romanos no existió un único tipo de casa, sino que la variedad fue grande, como lo es entre nosotros, en función de la riqueza o pobreza de cada cual.

Así encontramos desde las grandes y lujosas *villae* de los senadores y ricos hombres de negocios, con maravillosas vistas, frondosos jardines llenos de fuentes y dependencias exquisitamente decoradas, hasta los tugurios y *pergulae*, habitaciones de reducidas dimensiones donde se hacinaba la gente más pobre. Pese a ello podemos resumir los modelos a dos, que en terminología más actual son la vivienda plurifamiliar o *insulae* y la unifamiliar o *domus*.

Las *insulae*

Sus orígenes están en la superpoblación, en la falta de espacio y en las duras condiciones económicas de la vida en Roma. Eran edificios de hasta cinco pisos, con balcones y ventanas al exterior y cuyas dependencias interiores no tenían características especiales en cuanto a disposición o estructura. Sus ocupantes las utilizaban según las necesidades familiares. Estas casas estrechas, poco confortables, carentes por lo general de agua corriente y retrete, tenían poca luz y la mala calidad de los materiales (todo el entramado de vigas era de madera) hacía que los incendios o hundimientos fuesen frecuentes.

La mayoría eran de alquiler y en ellas vivían las clases populares en condiciones bastante deficientes. La carencia de servicios hacía que por la noche se lanzasen por la ventana basuras y residuos de todas clases, con grave peligro para el peatón como describe Juvenal: «Considera desde qué altura se precipita un tiesto, para romperte la cabeza; lo frecuente que es el caso de que desciendan de las ventanas vasijas, rajadas o rotas; cosa pesada que deja señal hasta en el empedrado. Eres, en verdad, un descuidado, un imprudente, si, cuando te invitan a cenar, acudes sin haber hecho testamento».

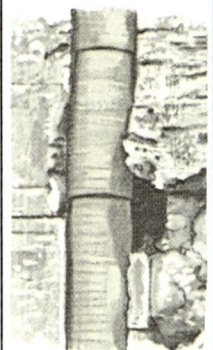

La mayoría de la población vivía hacinada en minúsculas habitaciones en las ínsulas o *insulae*, casas de alquiler de varios pisos que daban a la calle y a un patio interior. Arriba, tubería de desagüe, de material cerámico, encajada a la pared de una casa, tal y como puede verse hoy en la ciudad de Pompeya. Abajo, modelo de un bloque de viviendas o *insulae*.

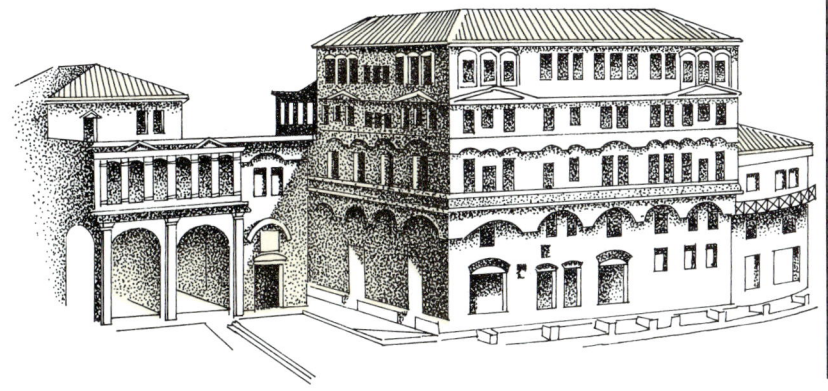

La *domus* era la vivienda primitiva de los romanos. Tras el contacto con la cultura griega se amplió y quedó como casa de las gentes más adineradas. El núcleo central de la casa era el atrio, patio central al que daba el resto de las dependencias. Era el lugar más amplio y luminoso, pues tenía una abertura en el tejado, el *compluvium*, por donde entraba la luz, el aire y la lluvia. El agua de lluvia se recogía en el *impluvium*.

La *domus*

El modelo primitivo es de origen etrusco, de planta rectangular, donde podemos distinguir tres zonas: la entrada, un cuerpo central abierto al aire y la luz en su parte superior y un jardín en su parte posterior. Carece de vista exterior, las ventanas son escasas, pequeñas e irregulares. Suele tener un sólo piso y las diversas dependencias interiores están destinadas cada una a un único uso: comedor, dormitorio, etc.

Este tipo de vivienda fue evolucionando con el tiempo y, sobre todo, tras el contacto con la cultura griega, se amplió y tomó su forma definitiva y más común. Los ejemplos mejor conservados los encontramos en Pompeya, donde la *domus* era la residencia de los ciudadanos ricos que la ocupaban con su familia, si bien había casos en los que varias familias adquirían una casa y se repartían el espacio.

En estas casas se entraba por un corredor *(vestibulum)* hasta la puerta, tras la cual el pasillo continuaba hasta el *atrium* que era el centro del cuerpo anterior de la casa. Se trataba de un gran espacio vacío con una abertura en el techo *(compluvium)* que se correspondía en el suelo con una pila rectangular *(impluvium)* destinada a recoger el agua de la lluvia, que después pasaba a una cisterna subterránea.

Originariamente, el atrio era el lugar donde ardía el fuego y la familia trabajaba, comía y dormía. Posteriormente, en el atrio se abrieron habitaciones con funciones específicas: alcobas para dormir, pequeñas estancias para guardar las imágenes de los antepasados y el *tablinum*, habitación grande ubicada en la pared del atrio situada frente a la puerta, destinada al dueño de la casa.

Bajo estas líneas podemos ver, arriba, una casa itálica con atrio central y habitaciones agrupadas a su alrededor. Al igual que la de abajo, es una reconstrucción realizada a partir de las ruinas de la ciudad de Pompeya. La construccon mayor es la enorme casa llamada del Fauno.

La *domus* tenía la mayoría de las veces una sola planta. Desde la calle se accedía al atrio (A). A su alrededor se distribuían las distintas dependencias de la casa, dormitorios (C), habitaciones de uso común (X), como el comedor y el salón, y, en la parte posterior, un jardín al aire libre rodeado por un pórtico de columnas o peristilo (P). S = tiendas, con puerta a la calle. T = *Tablinum*. Arriba, cartel encontrado en Pompeya que advierte: ¡cuidado con el perro!

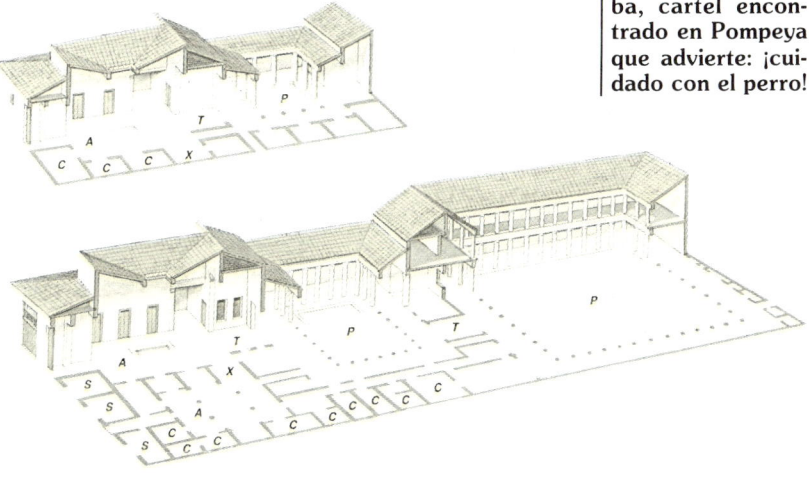

Tras el contacto con la cultura griega, la *domus* romana se amplió en su cuerpo posterior, más interior, hacia el que se desplazó la vida familiar. Era el *peristylum,* jardín rodeado de un pórtico, a veces de dos pisos, sostenido por columnas y que también estaba rodeado por varias habitaciones.

En cuanto a las dependencias de servicio, no tenían un lugar fijo en la casa y se situaban allí donde quedaban espacios libres. La cocina solía ser muy pequeña, con un fogón de obra y un agujero para la salida de humos, pues no había ni chimenea ni tiro. Próximos a la cocina estaban los retretes y el baño. Las únicas estancias que se abrían directamente a la calle eran las *tabernae*. Las destinadas a tienda tenían un mostrador de albañilería en la entrada y, en la parte posterior, una o dos trastiendas separadas por una pared. Solía haber además un entresuelo que dividía en dos huecos el espacio de la taberna. La parte superior era la *pergulae* (galería) y servía de vivienda a gente muy pobre.

La cocina de las casas romanas era habitualmente muy pequeña en relación con el resto de las dependencias. Normalmente, aunque no había un sitio fijo para ella, se encontraba detrás del atrio. Constaba de un banco de ladrillo sobre el que se hacía el fuego, que servía para guisar con cazuelas sobre trípodes o en parrillas. Bajo este banco había un hueco donde se almacenaba la leña. No había chimenea y el humo salía por la ventana. El resto de la cocina consistía en un fregadero, mesas y alguna silla. Los utensilios eran de barro y bronce. Arriba, biberón de cerámica encontrado en Pompeya.

Mobiliario y decoración

En las casas romanas no había tantos muebles como en las nuestras. Se limitaban a los objetos más indispensables y empleaban, junto a las arcas y armarios, hornacinas y pequeños aposentos para guardar libros, vestidos y utensilios.

La cama servía a los romanos no sólo para dormir, sino también como sofá y para comer recostados. Las mesas y asientos eran muy variados en la forma, estructura y material en que estaban elaborados.

Para alumbrar las casas, los romanos se servían de antorchas, velas y lámparas de aceite. Las habitaciones se calentaban por medio de estufas portátiles de bronce o braseros fijos; sin embargo, se pasaba mucho frío.

El suelo estaba cubierto en algunas partes por mosaicos cuyos temas hacían referencia a la finalidad de la habitación donde se encontraban. Las paredes solían estar decoradas con pinturas o cortinajes más o menos lujosos y llamativos según la dependencia de la casa.

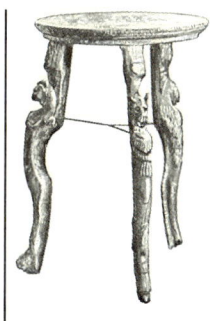

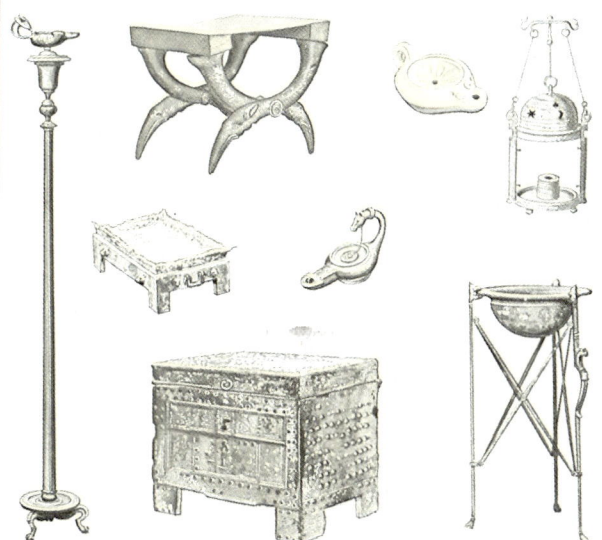

El mobiliario de las casas romanas era muy escueto y funcional. Arriba, mesa de madera con tres patas, de uso muy común. En la parte inferior, un taburete de bronce con patas cruzadas y una caja fuerte. Iluminaban sus casas con velas sobre candelabros y lámparas de aceite hechas de barro o bronce que algunas veces eran colocadas sobre pedestales. Dado que emitían poca luz, se requerían muchas para iluminar una estancia. Para alumbrar la parte exterior de las viviendas se utilizaban farolas colgantes o antorchas. Las farolas eran de bronce, con laterales transparentes; se iluminaban con velas de sebo.

3

Los ingenieros romanos

En Roma, las profesiones de ingeniero (civil y militar) y arquitecto no estaban claramente diferenciadas. El «oficio» contaba más que el título. En algunas épocas, los ingenieros militares fueron, por su experiencia, los más cualificados.

Los romanos utilizaban como principales materiales para la construcción la piedra, la arcilla, la argamasa y la madera.

Una vez extraídos los grandes bloques de piedra de las canteras, que por lo general eran propiedad del Estado, los obreros la trabajaban hasta conseguir bloques a escuadra, y a continuación la pulían. Si la piedra era blanda podía ser cortada con una sierra; cuando era dura se practicaba con el taladro una línea de agujeros en los que se introducían estacas de madera que, al mojarlas con abundancia, se dilataban y rompían la piedra por el lugar deseado. Una vez partido el gran bloque en otros más pequeños, se les daba la forma final con el escoplo y el martillo.

La arcilla la utilizaban para fabricar ladrillos y tejas, para lo que empleaban moldes de madera. Una vez conseguida la forma deseada, extraían las piezas de los moldes y las ponían a secar al sol antes de cocerlas en el horno. Todas las piezas llevaban la marca del propietario de la fábrica y, a veces, la del Emperador.

La argamasa (mezcla de arena, cal y agua, que también recibe el nombre de mortero), servía

Los arquitectos de la antigua Roma se ocupaban de asuntos muy similares a los de sus colegas actuales, aunque no se daba una especialización en los cometidos de cada profesional como la que se da actualmente. Los ingenieros abordaban tanto obras civiles como militares, así como la construcción de edificios y casas.

para unir entre sí los ladrillos y los bloques de piedra.

La madera se utilizaba, además de para los trabajos de carpintería, para construir el esqueleto de los edificios y el armazón de los tejados.

Recubrían los edificios con yeso, mármol y mosaico.

En los trabajos de construcción, los obreros usaban gran cantidad de herramientas. Para cortar la piedra, además de la sierra, el martillo y el escoplo, empleaban el compás, la escuadra, la vara de medir, el pico y el taladro.

En los trabajos de la madera los instrumentos más usuales eran el hacha, la barrena, la maza, la cuña, el cepillo y las tenazas. La mayor parte de estas herramientas se fabricaban a pie de

En la época imperial, los constructores romanos habían edificado 45.000 viviendas, algunas de ellas de altura considerable. La ingeniería romana recurrió más a la mejora lenta de las técnicas conocidas que a la introducción de cambios revolucionarios. Arriba, podemos ver una muestra del sistema de construcción más antiguo encontrado en Pompeya: mampostería de cascotes reforzada con un armazón de piedra caliza. A la izquierda, los utensilios más usuales en la construcción.

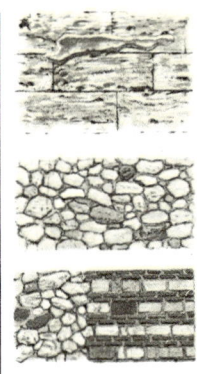

obra, en las herrerías y talleres instalados allí para tal fin.

La construcción propiamente dicha requería elementos auxiliares más complejos: máquinas, como la grúa y la polea, cuya estructura básica consistía en una rueda giratoria en torno a la cual se hacían pasar varias cuerdas. Con estas máquinas los romanos conseguían levantar cargas muy pesadas. La estructura de los andamiajes utilizados por los constructores romanos adquirió una perfección similar a la de nuestros días, aunque siempre fueran de madera.

Como muestra de las técnicas constructivas romanas, estas imágenes representan, de arriba abajo, una construcción a base de bloques rectangulares, que se utilizaban para la fachada de las casas; una mampostería realizada mediante cascotes y cemento *(opus incertum)* y una pared a base de hileras alternas de ladrillos y piedras *(opus mixtum)*, generalmente una de piedra y dos o tres de ladrillo. A la derecha, grúa romana, utilizada para elevar piedras pesadas en los grandes proyectos de ingeniería; aquí, los obreros están completando el pretil de un gran puente de piedra.

Vías de comunicación y Defensas militares

La malla de ciudades que constituían el Imperio Romano estaba bien comunicada por medio de vías terrestres conocidas con el nombre de *calzadas*. Su excelente trazado y su sólida construcción las han hecho pervivir en parte hasta nuestros días.

El papel de las calzadas como nexo de unión cultural, comercial, militar y político fue fundamental para el desarrollo histórico del Imperio.

Construían las calzadas excavando una zanja del ancho deseado, que rellenaban con varias capas de piedras de diferente tamaño, para conseguir la solidez necesaria, hasta nivelar el terreno. Recubrían las últimas capas con piedras planas que procuraban encajar al máximo, para lograr un firme estable y plano.

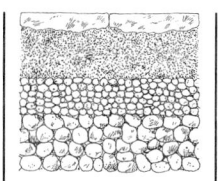

Las calzadas romanas constituyen una magnífica muestra de ingeniería civil. Una calzada había de tener una estructura de más de un metro de profundidad, dividida en cuatro capas: *pavimentum, nucleus, rudus* y *statumen* (de arriba abajo). Las calzadas más primitivas se hacían simplemente a base de grandes bloques de piedra que se mantenían en su sitio gracias a su propio peso. La técnica se fue perfeccionado y, gracias a ello, muchas de las calzadas por las que desfilaron las legiones romanas, que unían los núcleos de población más importantes, se han conservado hasta nuestros días, como la Vía Flamínia, que unía Roma con Rímini.

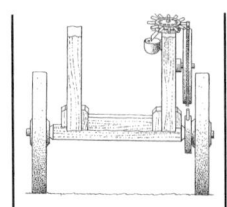

Los romanos medían la longitud de las calzadas mediante un ingenioso artefacto llamado *odómetro,* que hacía caer una piedra redonda en un recipiente metálico por cada milla (la milla romana tenía mil pasos; en total, 1.478 metros). El carro estaba dotado de ruedas especiales cuyo diámetro era de cuatro pies romanos de diámetro (un pie=0,30 m). Una milla romana se completaba cada 400 revoluciones de la rueda. El dibujo de arriba se basa en una descripción del arquitecto Vitrubio A la derecha, una calle de Pompeya, tal y como puede verse en la actualidad.

También las ciudades tenían calles pavimentadas, con aceras laterales ligeramente elevadas. Las calles estaban atravesadas de tramo a tramo por bloques de piedra separados entre sí que posibilitaban el cruce de los peatones en días de lluvia e impedían que los vehículos alcanzaran velocidades peligrosas.

Todas las ciudades estaban defendidas por murallas que discurrían por los límites fundacionales establecidos por el sacerdote con la ayuda de un arado. Las murallas romanas, antecedente de las medievales, constaban de un doble muro de sillares separado por un amplio espacio que se rellenaba con piedras y tierra y que constituía una vía de circulación para la vigilancia y defensa de la ciudad.

Para reforzar la seguridad de la muralla y evitar el acceso subterráneo a la ciudad, el muro exterior se prolongaba varios metros bajo tierra, y la parte superior era protegida con almenas.

Las puertas de acceso a la ciudad estaban constituidas por tres bóvedas, una central más ancha que permitía el paso de carruajes y dos laterales de menor tamaño para los peatones. Para cerrarlas disponían de fuertes puertas de madera y la central tenía, además, una reja levadiza. En momentos de ataque se cubrían con planchas de metal. A ambos lados de las puertas se levantaban sendos torreones de altura considerable y a lo largo del perímetro de la muralla se construían torres vigías.

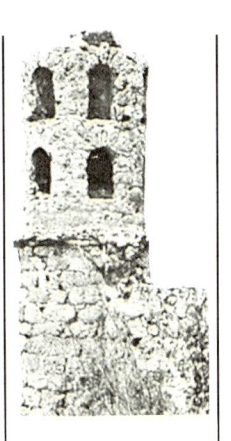

Muro hecho construir por Adriano, en el año 122.

Los acueductos, una de las obras públicas más características del Imperio Romano, surtían de agua a las ciudades. El corazón del acueducto era el *specu* o canal propiamente dicho; medía alrededor de dos metros de alto por noventa centímetros de ancho. El techo podía ser plano, en uve ivertida o en forma de arco de medio punto, como en la figura superior. Es muy probable que los romanos aprendiesen de los etruscos la construcción de arcos en su forma más simple, que evolucionó hasta alcanzar la perfección del de medio punto. A la derecha, el acueducto de Segovia, del siglo II. En la página opuesta, puente construido por los ingenieros del ejército romano en Rímini.

Acueductos, puentes y cloacas

Una de las obras más características de la ingeniería romana fue el acueducto, hallazgo técnico propiamente romano que sirvió para solucionar el problema del abastecimiento de agua a las ciudades. La función del acueducto era transportar el agua desde los manantiales o embalses, situados generalmente en lugares más altos, hasta la ciudad, donde se canalizaba el agua y se distribuía por medio de tuberías de plomo hasta las fuentes. La estructura del acueducto consistía en un canal, por donde discurría el agua, elevado sobre gruesos pilares unidos entre sí mediante arcos. Algunas veces, cuando el terreno lo exigía, construían varias hileras de pilares y arcos superpuestos, lo que producía un perfil arquitectónico de gran belleza. Dado que el agua tenía que discurrir constantemente, el acueducto era construido con una ligera pendiente de principio a fin.

La solidez de esta construcción, algunas veces muy extensa, requería unos cimientos profundos, gruesos y bien anclados en el suelo.

La utilización del arco y la bóveda como soluciones arquitectónicas aparece también en otra clase de obra de ingeniería: los puentes. Estos elementos arquitectónicos, a los que fueron especialmente aficionados los romanos, les permitieron salvar largas distancias uniendo los extremos opuestos de los valles y las orillas de los ríos. En realidad, puentes y acueductos planteaban el mismo problema: construir arcos de piedra estables y resistentes.

En el subsuelo de las ciudades romanas se podían encontrar igualmente importantes obras de ingeniería, como las cloacas, que recibían las aguas residuales vertidas a través del alcantarillado de la ciudad. Eran túneles subterráneos con la suficiente amplitud y altura como para que un hombre pudiese caminar erguido por su interior. Las cloacas desembocaban en el río más próximo y en su extremo final se colocaba una reja para impedir el acceso a la ciudad.

Los romanos fueron los primeros en usar el sistema de arcos. La construcción de un puente sólo podía realizarse bajo la dirección de auténticos expertos que fijasen el radio de cada arco e incluso la posición de cada piedra. Tras construir los pilares, se realizaba un armazón en madera *(cimbra),* que debía soportar el peso del arco.

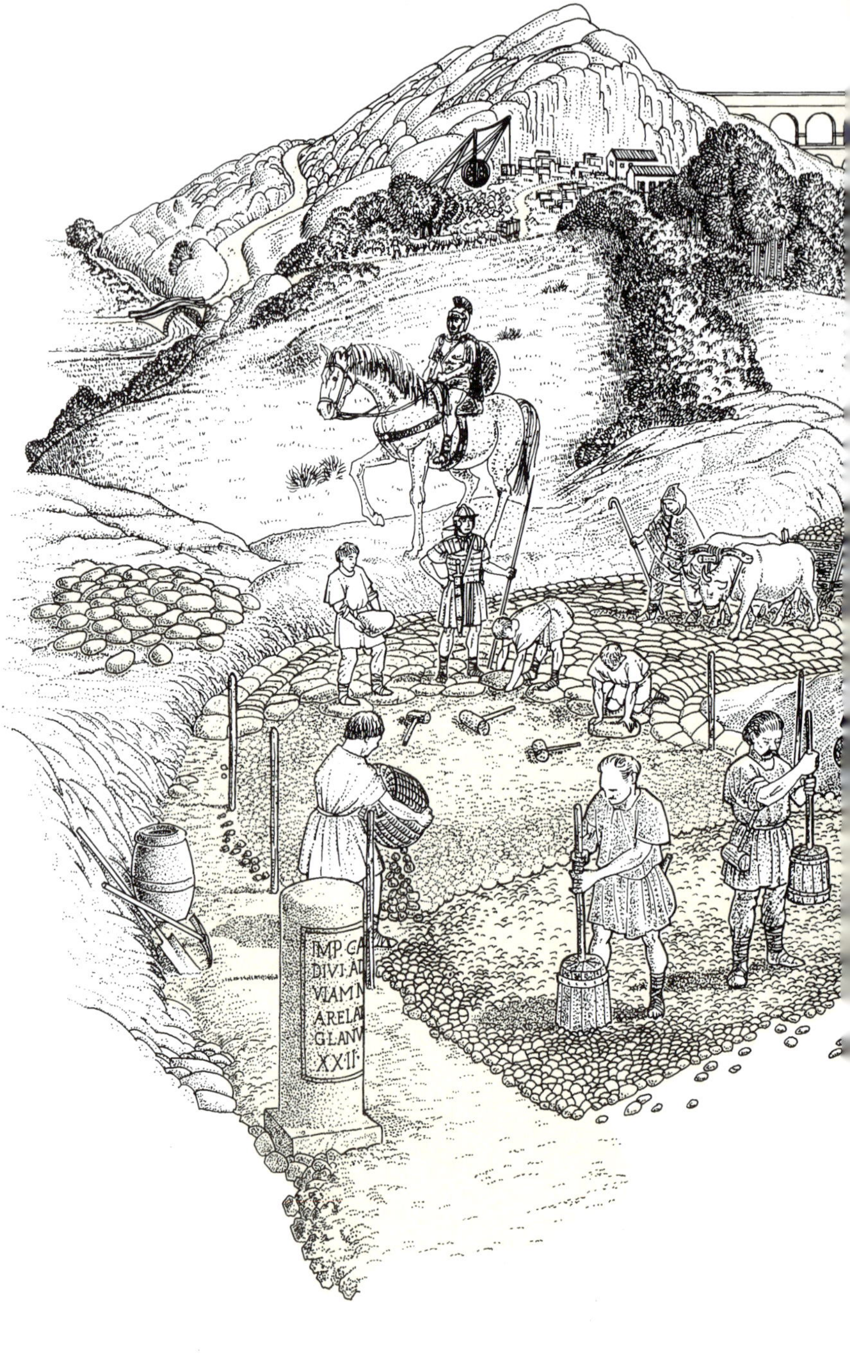
IMP·CA
DIVI·A
VIAM
ARELA
GLAN
XXII·

Para trazar el recorrido de las calzadas y de las calles, los agrimensores romanos utilizaban un instrumento llamado *groma*, que consistía en un soporte de algo más de un metro de alto, en cuyo extremo superior llevaba una cruz de la que colgaban cuatro plomadas. Cuando éstas se encontraban paralelas a la barra central indicaba que el groma era perpendicular con respecto al terreno y así se podían trazar calles exactamente perpendiculares.

4 El vestido y el peinado

Los restos arqueológicos y los testimonios escritos nos han transmitido una idea bastante clara de la indumentaria habitual entre los romanos. La primera conclusión que extraemos es que independientemente de la época, casi todos nos parecen vestidos de la misma manera. Esta es una impresión bastante acertada pues, pese a su larga historia, no se produjeron cambios tan radicales ni tan frecuentes como los que estamos habituados a contemplar en épocas más recientes y no digamos ya en nuestros días.

Esto no quiere decir que no existieran modas distintas según las épocas, ni tampoco que todos los romanos fuesen de uniforme, pero si es cierto que, independientemente de la riqueza y la calidad de las telas o los adornos, se mantuvieron siempre unos rasgos fundamentales comunes a todos los vestidos, tanto en los del rico como en los del pobre, en los del hombre como en los de la mujer.

El vestido masculino

Son numerosas las esculturas que nos muestran a los romanos ataviados con su traje nacional: la toga. En efecto, éste era el vestido oficial que los ciudadanos llevaban cuando se mostraban en público. Consistía en una pieza de lana blanca, gruesa en invierno y fina en verano, de forma elíptica y muy complicada de poner, hasta el punto de necesitar de la ayuda de un esclavo. Precisamente por esta complejidad, y a partir de la época imperial, fue sustituida, en ocasiones, por vestidos más prácticos que permitían más libertad de movimientos, como capas o capotes, con o sin capucha, y mantos. Según los adornos que se le aplicaban se llamaba *toga pura,* si no llevaba ninguno; *toga praetexta,* con una orla de púrpura; *toga picta,* bordada en oro; *toga purpurea,* la más solemne, totalmente de púrpura o con algo blanco.

Bajo la toga llevaban (hombres y mujeres) la túnica, de tejidos distintos según la época del año, ceñida por un cinturón y adornada con una banda, el *clavus,* que indicaba el orden al que pertenecía su portador (los senadores más ancha que los caballeros). Larga hasta las rodillas, era la prenda que se vestía dentro de casa y en el trabajo. Si hacía frío, se colocaban varias o se cubrían con un manto.

Los esclavos y la gente humilde no llevaban más que túnica, sin toga encima.

Vestirse con la toga era una operación muy complicada, debido a la complejidad de los pliegues y las vueltas que había que dar a un único trozo de tela. Según las bandas y los bordados se podía identificar la condición social o los méritos de su portador. Las togas se confeccionaban con lana para los hombres, mientras que las mujeres preferían el lino. Para otras piezas de vestir, los romanos importaban seda y muselina, que se mezclaban con hilos de oro y plata.

El vestido femenino

La ropa interior femenina consistía en una camisa y una *fascia pectoralis* para sostener el pecho. El vestido era una túnica que llegaba a los pies, tan estrecha de arriba como de abajo. Los tejidos más frecuentes eran la lana, el algodón, el lino y, más tarde, la seda.

Sobre la túnica llevaban la *stola*, vestido también largo, de colores variados, bordado en la orilla y sujeto por un cinturón adornado con joyas, un simple cordón o una cinta con bordados de colores. Por encima lucían un manto que cubría la espalda y, a veces, la cabeza.

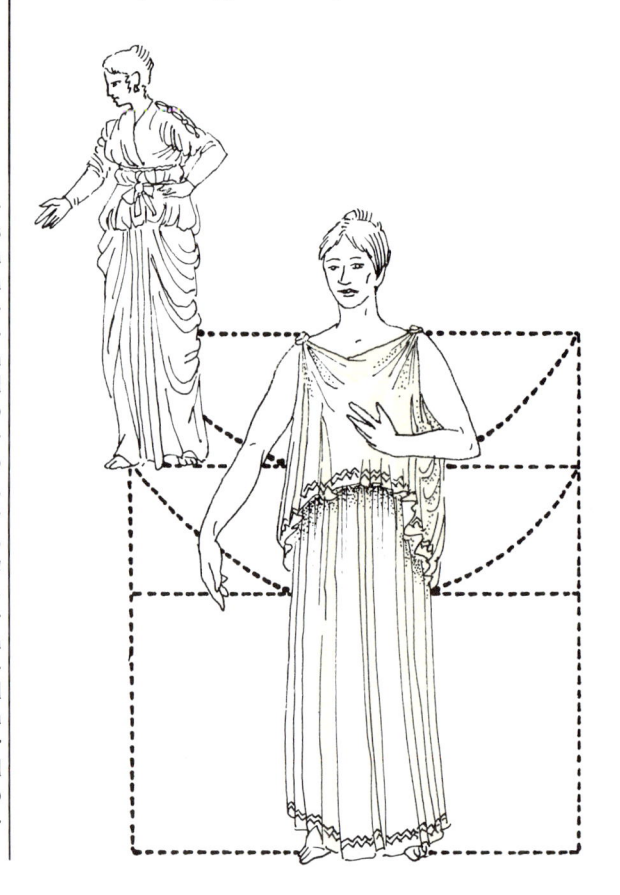

En la época imperial, los patricios se ponían sobre la estola una túnica corta confeccionada en seda y ricamente bordada en oro y plata. El manto femenino era la *palla*. Colocada como un velo sobre la cabeza, era indicio de viudedad. A veces, sustituían la *palla* por el *supparum*, manto de tela ligera, que llegaba hasta los pies. Utilizaban también el *peplo*, que era un manto rectangular que se sujetaba al hombro derecho con una *fíbula* (especie de broche).

El calzado

No había diferencia entre el calzado del hombre y el de la mujer salvo en la blandura de la piel y en la variedad de colores o de adornos. Los tipos de calzado eran tres: las sandalias, sujetas con tirillas de cuero entre los dedos y con cintas a las piernas, los zuecos y los *calcei*, zapatos del ciudadano, romano, con lengüeta y cordones, que cubrían el pie hasta el tobillo y eran complemento de la *toga*.

Aderezos y adornos

Los hombres usaban exclusivamente el anillo. Durante la República sólo llevaban uno, que utilizaban también como sello para firmar. En la época imperial fue frecuente añadir varios más, incluso con piedras preciosas, hasta cubrir en ocasiones, todos los dedos de las manos.

Para las mujeres había una amplia gama de joyas y ornamentos como hebillas, horquillas, anillos, brazaletes, pendientes, collares, gargantillas y aros para los tobillos, en metales preciosos y con incrustaciones de pedrería de gran valor que las romanas gustaban de usar con profusión.

Barba y cabellos

Los antiguos romanos se dejaban crecer la barba y los cabellos. Sólo a partir del siglo III a.C., por influencia de las modas griegas, comenzaron a cortarse el pelo o a rasurarse la barba. Hubo épocas en las que estaba de moda afeitarse, incluso la cabeza, y otras en las que por el contrario se llevaba la barba, más o menos recortada, y el cabello largo. En cualquier caso, no existían unos hábitos uniformes para todo el mundo, sino tendencias de la moda más o menos generalizadas. Sí se mantenían ciertos rituales, como la costumbre de los jóvenes de ofrendar su primera barba a una divinidad o la de no afei-

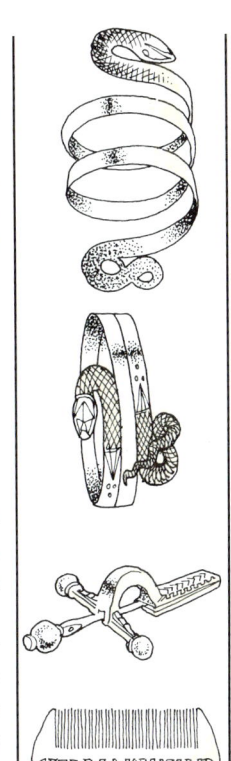

Las joyas, elaboradas con piedras y metales preciosos, fueron muy apreciadas por los romanos. El único ornamento varonil era el anillo, con forma de sello la mayoría de las veces. Los ornamentos femeninos eran variadísimos: pulseras, alfileres, brazaletes, collares, broches...

tarse ni cortarse el pelo entre los que guardaban luto o los que iban a ser procesados. En general, los jóvenes solían llevar barba hasta las primeras canas. Afeitarse era un síntoma de envejecimiento.

En cuanto al peinado femenino, nunca estuvo de moda el pelo corto. Las jóvenes llevaban el pelo recogido con un nudo en la nuca o en trenzas formando un moño. Entre las mujeres casadas era mayor la variedad y la complicación de los peinados: rizos, redecillas, postizos, pelucas rubias y tinturas eran de uso frecuente.

La preocupación por el peinado era tal, que cuando se esculpía un busto, el artista tallaba el peinado con una pieza de marmol suelto para poderlo cambiar al variar la moda.

El peinado de la mujer, sencillo durante la República, alcanzó su máxima complicación, con gran volumen de rizos y cintas, en la época flavia. Los cabellos postizos y los tintes eran de uso corriente. La gran preocupación estética de las damas romanas era el cuidado de sus cabellos. La peinadora se llamaba *ornatrix*. Los barberos recibían el nombre de *tonsores*.

El aseo personal

Los romanos eran cuidadosos con su aseo personal. Dice Séneca que se lavaban todos los días la cara, los brazos y las piernas y tomaban un baño completo cada nueve días, bien en el baño de la casa, si lo había, bien en las termas o incluso en los ríos.

También empleaban tiempo en acicalarse y embellecerse, para lo cual disponían de utensilios como espejos metálicos (no conocían los de cristal); peines de madera, de hueso, de marfil o de plata; y pinzas y agujas de diversos tamaños para sujetar el peinado y el vestido.

Los productos de belleza, especialmente ungüentos y perfumes, eran muy variados. Usaban aceite perfumado para los masajes después del baño, perfumes para el cabello y el cuerpo y desodorantes contra el olor de axilas y pies. Los había, entre otros, de rosa, de azafrán, de azucena, de lirio, de nardo. Muchos de ellos eran importados de Oriente y vendidos en las *tabernae unguentariae*.

Asimismo, existía una gran cantidad de cosméticos. La mayoría de las mujeres se pintaba cuando salían de casa, pero también, a veces, los hombres se maquillaban los ojos, las cejas y los párpados. Los colores más usados eran el blanco y el rosado. Para disimular las arrugas había un producto hecho con harina de habas mezclada con caracoles secos al sol y pulverizados.

Las romanas se pintaban los labios con carmín. Les gustaba el pelo de color rubio y para conseguirlo se teñían con un tinte a base de sebos y cenizas que traían de Germania.

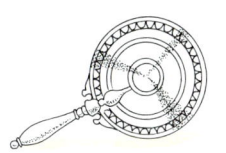

Los útiles del tocador eran los peines, los espejos de metal, las pinzas, las agujas de pelo, las vasijas de ungüentos y los vasos de perfume. Los productos de belleza, como cremas, perfumes, ungüentos y colorantes, estaban muy extendidos, y muchos de ellos se importaban de Oriente. El agua de los baños privados se perfumaba con agua de rosas y otros perfumes. Esta costumbre era practicada por los dos sexos. Algunas mujeres muy refinadas se bañaban con leche de burra para mantener la piel tersa.

5

Creencias religiosas y supersticiones

La religión en Roma tenía un sentido utilitario y estaba al servicio de los individuos y del Estado. Alejada de cualquier contenido moral, todos los ritos y sacrificios, tanto públicos como privados, tenían como objeto obtener un beneficio de los dioses o de los espíritus, ya que unos y otros ocupaban el mismo plano en el mundo de las creencias; representaban fuerzas ocultas a las que había que invocar para que les fuesen propicias.

Los romanos rendían culto a innumerables dioses. Cada acto de la vida tenía su divinidad protectora. Este carácter funcional de los dioses permitía que se adoptasen continuamente divinidades de los países sometidos, que eran acomodadas a la tradición nacional.

Los dioses latinos carecían de mito y no eran representados materialmente a través de imágenes, pues la frontera entre lo divino y lo humano estaba bien delimitada.

Pero cuando el pueblo romano entró en contacto con los griegos, identificó muchos de sus dioses con los del Olimpo, haciendo suya la mitología que los acompañaba y las representaciones plásticas de cada una de las deidades.

Los romanos atribuían el poder supremo a Júpiter y Juno. Pero al entrar Roma en contacto con la religión griega, la diosa Minerva, identificada con la Atenea de los griegos, participó de este poder con los dioses anteriores, formando la Tríada Capitolina.

Culto privado y culto público

En Roma existía una dualidad religiosa. Por un lado estaban los grandes dioses nacionales a los que el Estado rendía culto público y, por otro, las divinidades privadas o domésticas que eran veneradas por cada familia.

En el atrio de la casa, la dependencia más importante según la época, había una capilla o una simple hornacina practicada en la pared con un altar, donde eran venerados, junto a la diosa Vesta, los espíritus protectores del hogar y del fuego. Eran los *lares* familiares, representados por medio de estatuillas o pinturas murales, a los que se daba culto especial en los días festivos, y a quienes en todas las comidas diarias se hacían ofrendas. La capillita se llamaba *lararium*. Al final de cada comida había que dejar algo en la mesa para ellos y para los demás protectores divinos de la familia. Cualquier celebración familiar empezaba por la ofrenda de perfumes y guirnaldas de flores a estas divinidades.

Junto al culto público y oficial a los grandes dioses nacionales, los romanos veneraban en sus hogares a los dioses tutelares de la casa y de la familia. En el *larario* doméstico se representaba a la diosa Vesta, flanqueada por dos jóvenes que simbolizaban a los *lares*.

Las procesiones funerarias, según la categoría social del difunto, iban acompañadas de plañideras, músicos y toda la familia. Parte importante del funeral era el *panegírico*, consistente en un recitado sobre la vida del muerto.

También había en los límites de los campos cultivados pequeñas capillas dedicadas a los lares, que velaban por la prosperidad de la hacienda y que al igual que el resto de los dioses exigían culto y ofrendas.

La familia romana rendía culto también en sus casas a los *penates*, dioses protectores de la despensa y de la casa en general. Pero con el tiempo, a la tríada protectora de la casa compuesta por Vesta, los lares y los penates se la designó con el nombre común de lares familiares.

Pero no se agota aquí el culto doméstico. Los *manes* eran los espíritus de los antepasados muertos, a los que invocaban para captar su benevolencia, pues estaba muy arraigada la creencia de que si no había alguien que se acordase de ellos e hiciese ofrendas en sus tumbas y las cuidase, sus almas andarían errantes y sin sosiego hasta llegar a convertirse en espíritus de influencia nociva. Para evitar este mal, una vez al año, en las fiestas funerarias, ofrecían en sus tumbas alimentos y bebidas, flores y obsequios, al margen de la oración diaria de la familia y del recuerdo que representaban las mascarillas de cera de los difuntos que colgaban de las paredes de la casa; otras veces eran imágenes completas.

Cuando alguien moría, al entierro iban sus *manes,* es decir, sus antepasados, representados por maniquíes voluntarios con las máscaras de cera que los identificaban.

Mas no todos los espíritus de los muertos eran propicios por el mero hecho de acordarse de ellos. Los *lemures* representaban funciones opuestas a las de los manes. Eran espectros malévolos que podían dañar y atormentar a los vivos, y con el fin de alejarlos de la casa y sus moradores, el padre, a la media noche de los días 9, 11, y 13 de mayo, después de lavarse las manos en señal de purificación, echaba puñados de habas negras hacia atrás para que les sirviesen de alimento y así apaciguarlos.

Significado semejante tenían las *larvas,* que eran los espíritus de los criminales y de las personas desaparecidas en muerte trágica. Actuaban sobre los vivos produciéndoles trastornos mentales, que intentaban contrarrestar haciendo uso de exorcismos conocidos por la propia familia o con la intervención de alguna bruja, o hechicero, que pronunciaba las palabras de conjuro al tiempo que aplicaba toda clase de pócimas al efecto.

La familia era tanto una sociedad civil como religiosa. En el culto doméstico el padre (o *paterfamilias)* era el sacerdote. Dirigía las ofrendas y pronunciaba la oración que debía ir acompañada de los gestos prescritos para que fuese válida y produjese los efectos deseados. No debía faltar ni una sola palabra, y tenían que ser pronunciadas con voz clara, de lo contrario se interrumpía la ceremonia y se empezaba de nuevo.

La relación que tenía el pueblo romano con sus muertos era una mezcla de temor y veneración. El entierro constituía una de las ceremonias más solemnes, a la que asistían todos los miembros de la familia del finado, incluidos los antepasados difuntos representados por las máscaras de cera que los identificaban y que sus descendientes conservaban en el hogar. Arriba, altar de madera para los dioses domésticos.

Los romanos, en la Antigüedad, no tenían templos donde venerar a sus dioses, y cuando empezaron a construirlos lo hicieron a imitación de los griegos. Abajo, Santuario de Apolo en Delfos. Arriba, efigies de dioses romanos: Marte (arriba) y Júpiter.

El culto público, aquel que se daba a los grandes dioses, propios o adoptados, en nombre de la ciudad o del Estado, era algo oficial íntimamente relacionado con la política. Los dioses capitolinos presididos por Júpiter, Juno y Minerva intervenían activamente en todos los asuntos de la vida romana. En la colina del Capitolio, junto a los templos de los dioses, se erigió el palacio del Senado, y la religión, en la época del Imperio, pasó a ser uno de los símbolos de la unidad del Estado.

En honor de los dioses se celebraban fiestas y juegos. Cada dios tenía asignado uno o más días del calendario que cada año confeccionaban los pontífices. Pero además, cuando ocurría una gran calamidad o prodigio que la sabiduría de los sacerdotes no era capaz de explicar, se hacían ceremonias religiosas que podían ir desde las purificaciones por medio de agua, mezclada a menudo con sal, fuego o ambas cosas a la vez, hasta la celebración de los *lectisternios,* que consistían en un gran banquete ofrecido a los dioses foráneos cuyas imágenes o símbolos recostaban alrededor de la mesa, ofreciéndoles alimentos como al resto de los comensales.

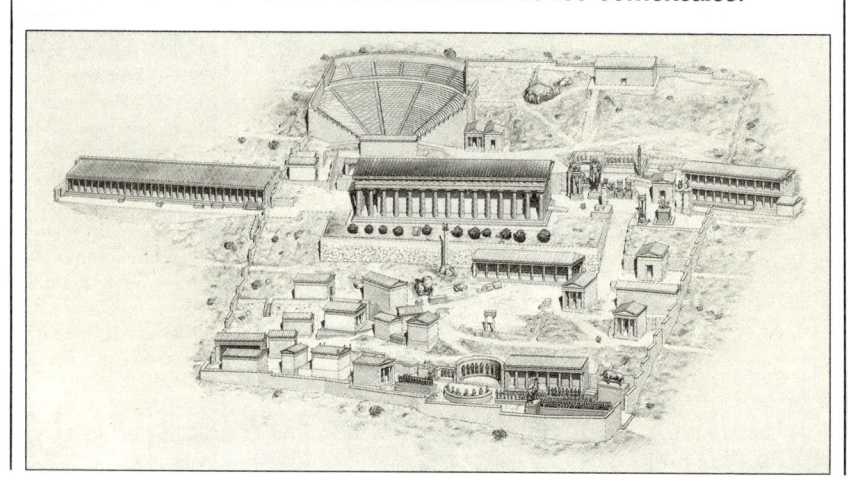

Los colegios sacerdotales

De preparar las fiestas y ceremonias religiosas se encargaban los sacerdotes, organizados en colegios independientes unos de otros, ya que lo complicado y diverso del ritual, por existir tantos dioses, suponía cierta especialización.

Una característica de la religión romana era que los sacerdotes no formaban una clase aparte dentro de la población. Eran elegidos entre los ciudadanos, políticos o militares generalmente, y no precisaban de una preparación previa, puesto que las técnicas del culto se aprendían dentro de cada colegio de generación en generación. El sacerdocio se convertía así en un cargo público íntimamente relacionado con la política.

En Roma había distintas clases de sacerdotes, debido a lo variado del culto. Los más importantes eran los pontífices, presididos por el *Pontifex Maximus*. Los *flamines* se encargaban de encender el Fuego de los Sacrificios. Los *decemvin* interpretaban los libros sibílicos. Los *lupercii* salían en las fiestas en honor del dios Pan y azotaban con látigos a las mujeres que encontraban a su paso. Otros sacerdotes eran los *festiales*, los *salii* y las *vestales*.

La más importante de las corporaciones religiosas era la de los pontífices, presidida por el Pontífice Máximo, cuyas funciones eran velar por la pureza del culto, fijar las fiestas al confeccionar el calendario y anotar los acontecimientos más importantes de cada año.

Al margen de este culto público aparecieron los ritos «mistéricos» de influencia oriental, reservados sólo a los iniciados que tenían la obligación de guardar silencio. Solían consistir en la reproducción de episodios de la vida del dios para que, reviviéndolos, el iniciado se identificase con él.

Los misterios más extendidos en Roma fueron los celebrados en honor de Cibeles, Isis, Mitra y Dioniso. Este último tenía carácter orgiástico y los iniciados se entregaban a toda clase de excesos, lo que hizo que el Senado permitiese su celebración únicamente bajo el control del pretor.

Baco fue el nombre con el que se rindió culto en Roma al dios Dioniso de los griegos. Era el protector de la vegetación, de la fuerza vital y de la inspiración poética. Su culto, en el que sólo podían participar los iniciados, era practicado en secreto y se caracterizaba por las celebraciones orgiásticas y escandalosas. A la derecha, ceremonia de iniciación dionisíaca. Arriba, el emperador Augusto con vestiduras de Pontífice Máximo.

Adivinación y sacrificios

Los vaticinios y la adivinación eran parte importante de la vida y la religión de los romanos, a quienes preocupaba el conocimiento del futuro y de la voluntad de los dioses. Por ello, antes de tomar cualquier decisión o emprender cualquier empresa importante se consultaba al augur, que indicaba si sería propicia o no la acción a realizar, según la voluntad de la divinidad a la que hubiese consultado.

Los augures eran los sacerdotes especializados en presagiar acontecimientos. Interpretaban la voluntad de los dioses a través de distintos tipos de señales: el vuelo de las aves era satisfactorio si procedía de la parte izquierda del augur y si no se quebraba antes de perderse de vista, y nefasto si procedía de la parte contraria o cambiaba la dirección durante la observación del vuelo. También presagiaban cosas funestas las aves que volaban a poca altura, al contrario de las que volaban muy alto.

Una observación más sencilla era la forma de comer de los pollos sagrados que los augures cuidaban en una jaula. Indicaban mal auspicio si se mostraban inapetentes o al comer dejaban caer restos.

Además de esta forma de augurar, que ni decir tiene que provocaba la ironía de muchos romanos, los augures interpretaban los sueños, así como las respuestas de los oráculos y preveían la ira de los dioses, aconsejando sobre cómo protegerse de ellos.

El pueblo romano creía en los vaticinios y presagios. La presencia y observación de ciertos animales y su comportamiento se interpretaban como buen o mal augurio. Así, el búho era considerado como anuncio de calamidades, mientras que la abeja, insecto sagrado y mensajera de los dioses, era portadora de buena suerte. El águila, ave sagrada de las legiones romanas, anunciaba desgracias imprevistas y tempestades. Los *augures* (arriba), eran los sacerdotes encargados de asegurar la voluntad de los dioses a través de la interpretación de estos hechos.

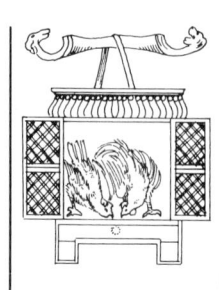

El sacrificio constituía el rito más importante de la religión romana. En Roma se hacían sacrificios públicos en nombre de la ciudad y el pueblo, y privados cuando era una familia o un ciudadano quienes organizaban el acto. A Ceres se le ofrecían cerdos, a Júpiter bueyes blancos, palomas a Venus, una cierva a Diana y así a cada dios según sus preferencias. También se consideraba sacrificio las lustraciones, purificaciones colectivas que se hacían en circunstancias importantes y cada cinco años. De ahí la palabra lustro y su significado actual. Arriba, pollos sagrados, cuya forma de comer servía como auspicio.

Los sacerdotes llamados *decenviros,* que en principio fueron dos y más tarde quince, tenían la función de interpretar los libros Sibilinos, guardados celosamente de la curiosidad del pueblo. La importancia que se daba a estos libros se pone de manifiesto en el hecho de que los sacerdotes necesitaban la autorización del Senado para consultarlos. Eran tres libros de profecías que, según contaban, había vendido la sibila de Cumas al rey Tarquino *el Soberbio* y que éste depositó en el templo de Júpiter. A ellos se acudía sólo en circunstancias extraordinarias para interpretar los prodigios de carácter adverso, como podían ser las epidemias, los terremotos o los grandes desastres en la guerra, y aplicar las prescripciones que allí se daban, aunque para ello también necesitaban el consentimiento del Senado.

Religión, superstición y magia no tienen una delimitación concreta en el mundo romano. Las prácticas mágicas importadas de Oriente fueron fácilmente aceptadas.

Lo que más satisfacía a los dioses, según las creencias, eran los sacrificios y, por tanto, constituían el acto más importante del culto. En el ritual doméstico eran incruentos por tratarse generalmente de ofrendas de frutas, vino y alimentos. Pero en el culto público eran corrientes los sacrificios cruentos. En ellos no cabía la improvisación, todo estaba minuciosamente reglamentado. Cada divinidad mostraba su predilección por una clase de ofrendas. Unos preferían frutas, otros animales y algunos llegaban al extremo de exigir un sexo o color determinados, o que el animal se encontrase en circunstancias concretas tales como que fuese lactante, que estuviese castrado, preñado...

Una vez elegido el animal era conducido al altar adornado con guirnaldas y cintas. Ya ante él se le echaban por la cabeza migas de «mola salsa», masa hecha con harina y sal, para purificarlo.

Después de degollada la víctima y dejadas a la vista las entrañas, entraban en escena los *arúspices,* sacerdotes de origen oriental que se encargaban de examinar el estado de las vísceras. Toda anomalía observada en ellas era interpretada como signo de mal agüero y suponía que la víctima fuese rechazada y se ofreciese otra. Aceptada la víctima por los *arúspices,* se quemaban las entrañas y el resto de la carne se asaba y se ofrecía a los asistentes.

El sacrificio ofrecido a los dioses, especialmente en la inauguración o restauración de un templo, solía ser el llamado *suovetarilia,* consistente en la inmolación un cerdo, una oveja y un toro. Este tipo de sacrificio lo solían realizar también algunas familias hacendadas en honor de Marte, dios de la guerra y de la fecundidad, para invocar su protección sobre cosechas y ganado.

Los *arúspices,* sacerdotes de origen oriental, eran los encargados de observar y estudiar las vísceras de los animales sacrificados. Fijaban su atención especialmente en el hígado y, si encontraban alguna anomalía en él, rechazaban la víctima y se ofrecía un nuevo animal en sacrificio. Esta ilustración representa a unos *arúspices* entregados a su tarea. Arriba, Augusto, que como emperador del Estado romano, actuaba como cabeza de una gran familia, haciendo sacrificios a los dioses en favor de su pueblo. En ciertas épocas, los emperadores romanos se hicieron adorar como dioses, edificándose gran cantidad de templos.

Cuando las desgracias persistían, se interpretaba como que los dioses no estaban satisfechos, y ofrecían el sacrificio llamado hecatombe por los griegos (cien bueyes), a pesar de que los romanos llegaron a sacrificar muchos más.

Un remedio extraordinario contra grandes males, contemplado en los libros Sibilinos, era la primavera votiva. Se trataba de una promesa consistente en ofrecer a Júpiter el sacrificio de todo ser animado que naciese entre ellos durante la primavera, si el dios concedía lo que le pedían. Si explícitamente no eran excluidos, los niños también entraban en la promesa. Pero como consideraban demasiado cruel sacrificarlos, esperaban a que fuesen adultos y los desterraban para siempre.

Los sacrificios humanos eran extraños, aunque hay testimonios escritos de que se realizaban. Y a pesar de haber sido suprimidos por decreto del Senado en el siglo I a.C., consta que algunos emperadores siguieron con la práctica.

En Roma, la mayor parte de los cultos tenían un marcado carácter estatal, a pesar de lo cual la vida de los romanos estaba impregnada de religiosidad de uno u otro signo. Ello facilitó la aceptación por parte de este pueblo de otras creencias procedentes de otros lugares.

Con el nombre de *suovetaurilia* se ofrecía un sacrificio en el que se inmolaban un cerdo, una oveja y un toro. Esta inmolación se ofrece a los dioses, especialmente con motivo de la inauguración o restauración de un templo.

PRINCIPALES DIOSES ROMANOS

La *tríada* que presidía el capitolio estaba constituida por Júpiter, Juno y Minerva.

Júpiter, padre y rey de los dioses, y dios del cielo y la luz

Juno, hermana y esposa de Júpiter, diosa de la fecundidad

Minerva, protectora de las artes manuales, la sabiduría y la técnica bélica

Marte, dios de la guerra, padre de Rómulo y Remo, protector de Roma

Mercurio, dios del comercio, mensajero de los dioses

Apolo, dios del sol, de la medicina, los oráculos y las artes en general

Venus, diosa de la naturaleza y la primavera, de la belleza y el amor.

Vulcano, dios del fuego y de los herreros

Vesta, diosa de la virginidad; presidía el culto de las vestales

Saturno, protector del campo; se le ofrecían fiestas para favorecer las cosechas

6

Pan y circo

Cuando Augusto fue proclamado Emperador, Roma sólo tenía en su calendario setenta y seis *dies festi* (días de fiesta); al cabo de pocos años, los romanos disfrutaban de 175 días festivos.

A la antigua austeridad, fruto de la pobreza y del trabajo continuo, siguió una etapa de transformación de costumbres. Roma, tras conquistar innumerables territorios, conoció otros pueblos y copió su modo de vivir, sus lujos, su arte y sus costumbres. Esta nueva forma de vida fue apoderándose de todas las clases sociales, en especial de las más elevadas.

Muchas de las fiestas las organizaban los magistrados, que las ofrecían al pueblo; por ello se llamaban *ludi publici*. El erario público destinaba una cantidad para sufragarlos, pero siempre era insuficiente, y eran los magistrados quienes completaban los fondos de su propia fortuna.

Corte esquemático del Gran Teatro de Pompeya. 1) Escena; 2) Platea; 3) *Ima cavea;* 4) *Media cavea;* 5) *Summa cavea;* 6) Pasillo; 7) Entrada a la platea. A la derecha, plano del Gran Teatro. 1) Escena; 2) Platea; 3) *Ima cavea;* 4) *Media cavea;* 5) *Summa cavea.*

Representaciones teatrales

Todos los días de fiesta se celebraban representaciones teatrales en honor de los dioses, destinadas a deleitar al pueblo. Estos espectáculos eran los menos costosos y los más nobles de todas las fiestas, pero al pueblo le apasionaban bastante menos que los juegos del circo y del anfiteatro.

Las obras que se representaban eran sencillas y cortas, tenían un solo acto y se las llamaba *atelanas*. Al teatro podían asistir todos los ciudadanos, incluso las mujeres y los niños. Los esclavos no podían presenciar estas representaciones, pero en ocasiones, se les dejaba entrar.

El mimo era parecido a las *atelanas*, pero sin personajes fijos. Se representaba en las plazas públicas al atardecer, en teatros o en las casas particulares. En él participaban bufones, histriones y danzantes.

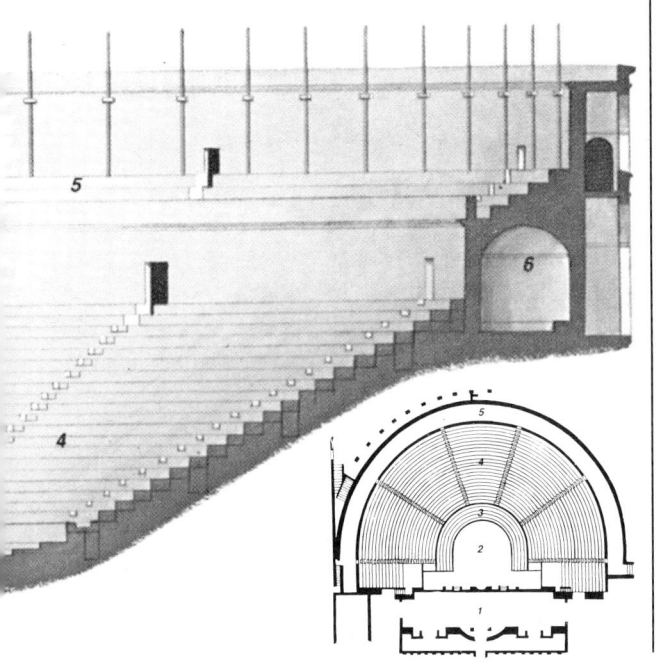

El teatro nunca fue tan popular como los espectáculos cruentos representados en el anfiteatro. Los grandes teatros se construían en las laderas de las montañas para aprovechar el desnivel. Las gradas (*cavea*) estaban dispuestas en forma de herradura, y frente a ellas estaba la escena. Entre ésta y las gradas se hallaba la platea, donde se situaban los músicos. Las gradas se dividían en tres sectores: en el primero se sentaban las autoridades y en el resto el pueblo. Toda la zona de gradas estaba cerrada por un muro y en las representaciones se cubría el recinto del teatro con un gran toldo para proteger al público del sol. Arriba, flauta de Pan hallada en Pompeya.

Las máscaras se modelaban en forma de rostro humano o de animal. Se hacían de diversos materiales: madera, barro, pintura espesa, telas, cera... Su fabricación era complicada y cada máscara era un símbolo y tenía una historia propia. En el repertorio de los actores se incluían tragedias, mimo, comedias y farsas. Estas últimas, las *atellanae*, eran muy populares. A veces, durante los descansos de las representaciones teatrales, se rociaba agua perfumada sobre el público.

También se representaban tragedias, pero los romanos preferían las comedias, sobre todo, la pantomima, género típicamente latino. Entre la plebe eran sumamente populares los personajes del astuto y jorobado que todo lo sabe *(doseno)*; el tragón *(bucco)*; el bonachón *(pappo)* y el tonto que siempre salía molido a palos *(macco)*.

La mayor parte de los actores eran extranjeros, esclavos y libertos. Todos ellos gozaban de poco prestigio social y eran considerados como gente sin honor. Entusiasmaban a los espectadores con sus historias de doble sentido y llegaron a ser imprescindibles en las grandes fiestas y banquetes de los ricos. Las mujeres también intervenían en las representaciones, pero estaban mal consideradas y gozaban de la misma reputación que las prostitutas.

Los actores romanos al igual que los griegos, se cubrían el rostro con máscaras en las representaciones teatrales. Estas máscaras eran muy variadas, y los actores se ponían una u otra según representaran el papel de un rey, una mujer, un esclavo, un viejo, un niño o un animal. Un mismo actor cubría varios papeles.

Espectáculos en el circo

Mientras el teatro se iba convirtiendo poco a poco en un espectáculo de variedades, el circo iba tomando cada día más auge. Grandes carteles con dibujos —como los que anuncian en la actualidad los circos o las películas— anunciaban los espectáculos que se iban a representar en el circo o en el anfiteatro. Este acontecimiento constituía el tema preferido de todas las conversaciones: se discutía en el hogar, en el Foro, en la escuela, en las termas e incluso en el Senado. Ese era precisamente el objetivo del magistrado que los organizaba: despreocupar y divertir al pueblo, a la vez que conseguía el favor de la plebe para alcanzar el puesto político deseado. El erario público subvencionaba parte de estos juegos, pero como los magistrados querían dar la mayor grandiosidad y atracción, ponían de su propia fortuna el resto, ya que el pueblo juzgaba el valor de la persona según el dinero que derrochaba. Los *magni ludi romani* llegaron a costar 760.000 sestercios.

La abundancia de juego y la seguridad de la *annona* (trigo y dinero), más o menos abundante, despreocupaba a la población de cualquier otra cosa. Con el *panem et circenses,* la plebe se consideraba feliz.

Los días que se celebraban juegos, acudían al Circo Máximo de 150.000 a 200.000 personas, ataviadas con diversos atuendos, según se celebrasen los *ludi cereales* (en honor de Ceres), a los que iban todos vestidos de blanco, o los *ludi florales* (fiesta de la primavera), en los que los asistentes se vestían de variados colores para

El Circo Máximo de Roma en un principio fue una simple pista de carreras alrededor de un seto o espina central; carecía de gradas y los espectadores presenciaban las carreras de pie. Más tarde, los emperadores Augusto y Nerón lo ampliaron, llegando a tener cabida para 200.000 personas. Augusto hizo traer un obelisco de Egipto para decorar la espina. En el siglo III murieron 13.000 espectadores al derrumbarse las gradas, que eran de madera.

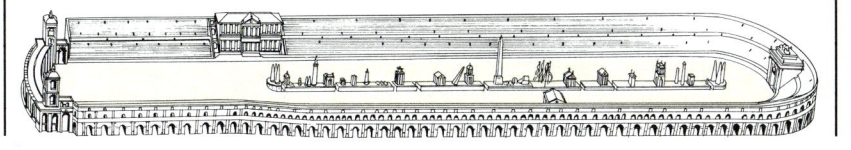

El anfiteatro fue una creación típicamente romana. Allí tenían lugar las luchas entre gladiadores y fieras. El primer anfiteatro se construyó en Roma en el siglo I a. C. Con posterioridad se erigieron en casi todas las ciudades importantes (Itálica, Mérida, Tarragona...). En el Coliseo de Roma, además de la lucha de los gladiadores, se celebraban las *venationes* o lucha de fieras. Como el espectáculo duraba todo el día, el anfiteatro se cubría con un gran toldo para tamizar la luz y evitar el calor del sol a los espectadores. Arriba, ruinas del Coliseo: en la página opuesta, arriba, interior del Coliseo.

imitar los campos multicolores en primavera. En otras ocasiones, los espectadores lucían pañuelos con colores de su equipo favorito —como los hinchas de hoy. Los hombres dejaban los burdeles, que se alineaban junto al Circo, empeñaban hasta la ropa en las apuestas, se proveían de comida y almohadillas y entraban a presenciar el espectáculo, que duraba todo el día. Los dignatarios ocupaban los palcos con asientos de mármol y adornos de bronce. El Emperador y su familia tenían un palco que comunicaba con un palacete, donde había dormitorios, baños y otras comodidades para poder descansar entre competición y competición, dada la larga duración de los espectáculos.

Se iniciaban los juegos con un desfile de carácter religioso, que partía del Capitolio y recorría en procesión el Foro y las principales calles de Roma, portando numerosas estatuas de los dioses. Ya en el Circo la comitiva recorría toda la pista. En cabeza y de pie sobre un carro iba el magistrado organizador de los juegos, ataviado de general victorioso, con toga bordada en oro. Sobre la cabeza lucía una corona de hojas de roble. En la mano portaba un cetro de marfil. Precedía al magistrado una gran comparsa de músicos vestidos con togas blancas. Detrás desfilaban las imágenes de los dioses, transportados por carros engalanados *(tensae),* lujosamente decorados con marfiles, oro y piedras preciosas, tiradas por briosas cuadrigas, dirigidas por vigorosos jóvenes que las conducían con una sola mano. La muchedumbre, puesta en pie, aclamaba con grandes voces a las divinidades. Todo era grandioso. En Roma, los juegos tenían lugar en el Circo Máximo o en el Circo Flaminio, así como en el Anfiteatro Flavio, reservado a los espectáculos más grandiosos. Había incluso combates navales.

Carreras de carros

En el circo se celebraban también otros muchos espectáculos, tales como las carreras al galope, que alternaban con las de al trote, con dos, tres o cuatro caballos. Los *aurigas*, casi todos esclavos, portaban yelmos metálicos; con una mano sujetaban las riendas y con la otra la fusta. Tenían que recorrer siete circuitos en torno a la pista elíptica tomando las curvas muy cerradas; era el momento más dramático, pues los carruajes colisionaban con facilidad y hombres y caballos rodaban por los suelos y eran aplastados por los que llegaban detrás.

Los espectadores, con sus aullidos, espantaban a los animales y colaboraban a estos desastres. Este espectáculo despertaba una rivalidad apasionada entre las cuadras y los espectadores, surgiendo los seguidores de unos y otros, que se identificaban por sus colores: rojos, blancos, verdes y azules. Calígula era seguidor apasionado de los verdes.

Llegó a ser normal que se corrieran veinticuatro carreras al día. El *auriga* ganador recibía una recompensa y era coronado con laurel.

Los *aurigas* eran los conductores de los carros usados en las carreras. Algunos de ellos se convirtieron en personajes famosos y fueron tratados como auténticos héroes. Llegaron a tener sus propios clubs de seguidores, que se identificaban con su *auriga* a través del color del vestido, que era rojo, blanco, verde o azul, según la cuadra a la que pertenecían.

Lucha de gladiadores

De todos los juegos, el preferido por los romanos era la lucha de gladiadores, *ludi gladiatori*. Era una institución nacional. Su origen se remontaba a tiempos de los etruscos y formaba parte de las ceremonias fúnebres de este pueblo, costumbre que perduró largo tiempo.

Pronto se extendió por la Campania y de allí paso a toda Roma, donde en el siglo III a.C., por primera vez, lucharon en el Foro tres parejas de gladiadores. La afición creció y el pueblo pedía su celebración. Ante esta demanda, el Senado incluyó estos combates en los espectáculos públicos.

Los gladiadores luchaban por parejas, en grupos o en formaciones como verdaderos ejércitos. Los participantes eran prisioneros de guerra, esclavos adiestrados o los condenados a muerte por homicidio, robo, sacrilegio o motín. Cuando éstos escaseaban, los tribunales condenaban a muerte por delitos mucho menos gra-

La indumentaria del gladiador, cuando salía a la arena, era pesada y protegía gran parte de su cuerpo. Se componía de un yelmo, que podía llegar a tener una decoración muy elaborada, incluso rematado con un penacho de plumas, como era el caso de los gladiadores *samnitas*. Además del casco llevaban un protector en el brazo derecho, así como protectores de tobillos y grebas. Portaban un escudo rectangular y una espada corta o una red, según la forma de lucha que fuesen a practicar. Arriba, vaso con gladiadores, del siglo I.

ves. En ocasiones, participaban los hombres libres —que se inscribían en escuelas de adiestramiento, tras haber jurado dejarse azotar, quemar o apuñalar— atraídos por las excelentes recompensas que se les daban a los vencedores —un cuarto de la suma de las entradas, si era hombre libre, y un quinto si era liberto—, y por la gloria que suponía ser vencedor y convertirse en héroe popular a quien cantarían los poetas y levantarían estatuas.

El espectáculo comenzaba con una gran parada; los gladiadores vestidos de oro y púrpura montados sobre carros, desfilaban por la arena del circo o anfiteatro. Les seguía una gran cohorte de músicos con instrumentos de metal y de viento, así como un órgano hidráulico. Al llegar frente a la tribuna del Emperador, le dirigían el fatídico saludo *«Ave Cesar, morituri te salutant»* y luego, se dirigían hacia el promotor de la fiesta para que examinase las armas. Los luchadores pertenecían a categorías diferentes e

Un buen combatiente podía llegar a ser muy popular y conseguir de este modo su libertad. No obstante, la esperanza de vida de un gladiador se podía contar por semanas, nunca por años. Arriba, luchador dacio.

69

iban provistos de armas y vestimentas distintas según su condición. Los *retiarii* iban semidesnudos y armados solamente de una red, un tridente y un puñal; su contricante, *callus*, llevaba escudo, hoz y casco. Los *samnitas* vestían el atuendo de los soldados samnitas: casco con alas, escudo grande de forma rectangular, un protector en el brazo derecho y una espada corta.

La lucha era a muerte; si no vencían, tenían la obligación de morir con sonriente indiferencia; si el perdedor caía exhausto o levemente herido, se dejaba al arbitrio del público si debía matarlo o perdonarle la vida. Si se le indultaba, el público agitaba pañuelos al aire; si se bajaba el pulgar abajo, *vertere pollicem,* era señal de que el vencedor debía rematarlo y gritaban: ¡iugula!

En un combate ofrecido por Octavio Augusto, que duró ocho días, intervinieron 10.000 gladiadores. A medida que se desarrollaba la lucha, los esclavos apilaban los cadáveres y traían arena limpia para los siguientes combates. Fue un espectáculo atroz.

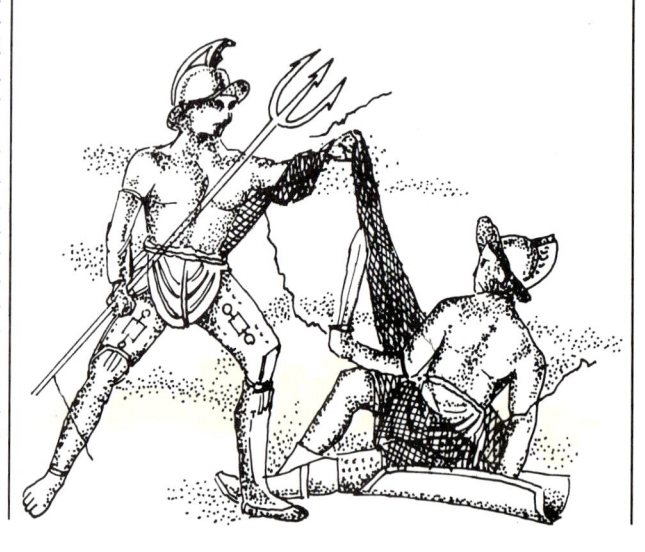

Todos los espectáculos que se realizaban en Roma eran anunciados y acompañados por músicos que interpretaban piezas con diversos instrumentos, entre los que predominaba el metal. El público reconocía el momento del espectáculo a través de los sones diferenciados. En la parte superior, trompa utilizada en los espectáculos, idéntica a las trompas militares usadas por las legiones, cuyo desfile por las calles de Roma constituía a su vez uno de los espectáculos más apreciados por el pueblo.

Lucha de fieras

También las *venationes* o luchas de fieras tuvieron gran aceptación en Roma. Fieras raras y exóticas eran traídas de países lejanos, transportadas en barcos o carros para ser sacrificadas en estos cruentos espectáculos. Llegaban hipopótamos y cocodrilos del Nilo, elefantes de Libia, leones de Tesalia, tigres de Hircania, osos del Danubio y un sinfín de variadas especies de otros lugares.

Las luchas eran terribles y el pueblo seguía con emoción estas peleas de ataque y defensa, que enfrentaban elefantes con rinocerontes, osos contra toros, tigres contra leones... Para despertar más la fiereza de estos animales se les acuciaba con aguijones y fuego. Al final del espectáculo, sólo sobrevivían la mitad de las fieras, la otra mitad había desaparecido devorada. En los juegos organizados por el emperador Tito para conmemorar la inauguración del Coliseo, se sacrificaron en un sólo día 5.000 bestias salvajes.

Durante las fiestas, masas ingentes se dirigían hacia el Coliseo para asistir a una jornada de juegos. Suetonio escribía que «tal cantidad de gente acudía a estos juegos, que muchos extranjeros se veían obligados a alojarse en tiendas de campaña a lo largo de las calzadas». La muchedumbre era a veces tan grande que muchos morían aplastados.

7

Deportes y pasatiempos

Al margen de los *ludi* públicos, los romanos practicaban numerosos juegos privados, que ocupaban el ocio de los días que no asistían a las diversiones públicas. Corrían en el *campus*, saltaban, lanzaban el disco o la jabalina, montaban a caballo; jugaban a la pelota, hacían gimnasia o natación —era muy rara la persona que no sabía nadar—; eran expertos en la lucha y también competían en carreras. La caza y la pesca gozaban de gran popularidad. La danza y la música, con su significación religiosa y militar, la practicó el pueblo de Roma desde tiempos remotos, y tuvieron gran importancia cultural.

Los romanos eran aficionados a los juegos de tabas y dados; en este juego apostaban grandes sumas de dinero. Augusto perdió en una sola noche 20.000 sestercios; Nerón era un apasionado del juego y en cada jugada apostaba siempre 400 sestercios. En general, los juegos de azar les gustaban muchísimo; estaban prohibidos, pero se permitían en los banquetes y en algunas fiestas. Los ricos se jugaban grandes cantidades de dinero, e incluso algunos lo perdían todo.

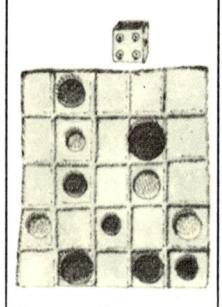

Jugar al aro era muy popular entre los niños y jóvenes romanos. Los aros eran de diferente tamaño, según las edades; los grandes, en ocasiones, llevaban adosados cascabeles que sonaban al rodar. El poeta Horacio escribió un poema didáctico sobre el arte de conducir el aro. Otros juegos muy practicados eran las tabas y los dados con o sin tablero.

Las termas, lugar favorito del ocio

El lugar preferido de los romanos para su esparcimiento y reuniones eran las termas. Allí acudían al atardecer todos los hombres —las mujeres iban por las mañanas— al terminar su trabajo en el campo, la ciudad o el Foro. Charlaban con los amigos, se comentaban los últimos rumores políticos, paseaban, hacían gimnasia y se bañaban. Era un lugar espléndido: baños de agua caliente, de agua fría, de vapor, salas para unciones de aceite y habitaciones privadas para que los esclavos dieran masajes a sus amos. Sus paredes, recubiertas de mármol y estucos, les daban un aire de elegancia y confort inigualables. Por los frondosos jardines que rodeaban a los baños, se paseaba y se ultimaban detalles de la cena a la que se iba a asistir esa noche.

El las páginas siguientes se han dibujado las Termas Stabianas, una de las tres grandes termas que existían en Pompeya. Tenían una sección para hombres y otra, más pequeña, para mujeres. Después de desnudarse, los hombres podían bañarse o hacer ejercicios a la *palaestra*, donde se practicaban diversos juegos. El más popular era una especie de bolos que se jugaba en una avenida pavimentada, junto a la piscina grande.

Las termas, para calentar el agua y producir vapor, tenían calderas instaladas en el sótano. El sistema de calefacción se denominaba *hipocausto*, y se basaba en la circulación de aire caliente por el suelo y las paredes.

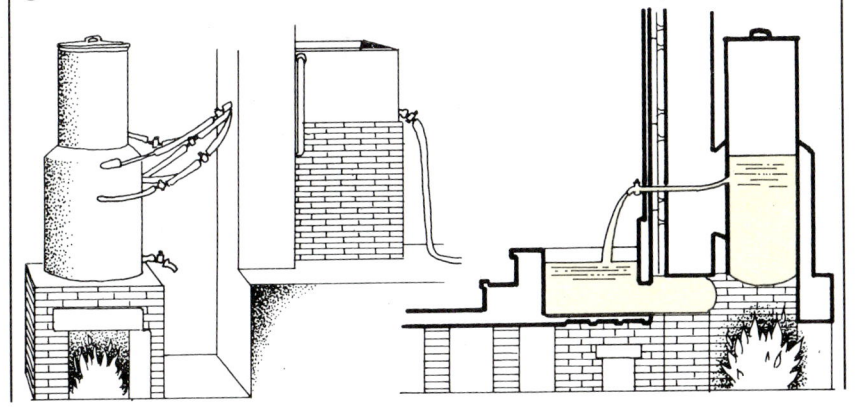

74

Dibujo de las termas de Stabia, en Pompeya. Se accedían a ellas por dos entradas (1 y 2), que daban a una zona abierta para realizar ejercicios *(palaestra)*. A la izquierda, al final de la columnata, estaba el vestuario (3). Las zonas más importantes son: los servicios públicos (4), el depósito de agua (5), el baño y la piscina (6 y 7), los baños para hombres (8 y 9), el vestuario de hombres (10), la caldera para calentar el agua (11), el horno principal (12) y los baños para mujeres: baño frío (13), baño tibio (14) y baño caliente (15). Se comenzaba haciendo ejercicio para provocar el sudor, tras lo que se frotaban la piel con un raspador *(strigilis)* y se daban masajes. Tras ello, se metían en un baño poco profundo para lavarse los pies, y de ahí pasaban a la piscina. A continuación, pasaban ya a los baños calientes.

Banquetes y *annona*

En las comidas, como en toda la vida romana, fue muy notable la evolución de las costumbres. Hubo un largo período de austeridad en la historia de Roma, en el que el pueblo no conoció más que los alimentos básicos que proporcionaba la tierra: los cereales (la *fritilla* y la *polenta),* las legumbres, las hortalizas, la leche —de cabra y de oveja— con la que fabricaban los yogures añadiéndoles hierbas aromáticas de tomillo, orégano o menta, y los huevos.

Con el paso del tiempo y con la opulencia, se fueron introduciendo nuevas costumbres, y en las mesas de los ricos y poderosos comenzaron a aparecer exóticas y refinadas viandas traídas de los lugares más lejanos; gallinas de Guinea (faisanes), gallos de Persia, pavos de la India, conejos de Hispania, corzos de Ambracia, atunes de Calcedonia, ostras y almejas de Tarento, mejillones del Atica y tordos de Dafne, exquisitos mariscos, olorosas frutas y deliciosos dulces, que se comían acompañados de buenos vinos.

Mientras el menú de los ricos estaba compuesto por manjares muy variados, exóticos y exquisitos (pajaritos de nido con espárragos, pastel de ostras, tetas de lechona, faisanes, quesos variados...) la dieta de los campesinos y de los pobres era mucho más parca, tanto en cantidad como en calidad. Consistía básicamente en *polenta,* harina de cebada mezclada con otros granos que se tomaba amasada y frita, y *puls,* que se condimentaba a base de harina y agua y a la que en ocasiones se añadía tocino.

Cuándo comían

Los romanos comían tres o cuatro veces al día: desayuno *(ientaculum)*, almuerzo *(prandium)*, merienda *(merenda)* y cena *(cena)*.

Sobre las siete o las ocho de la mañana, se tomaba un modesto desayuno, compuesto de pan con aceite o vino, miel, queso y fruta fresca o seca. Los niños se llevaban el bocadillo a la escuela. El almuerzo era ligero: legumbres verdes o secas, pescado o huevos, setas y frutas del tiempo. La merienda sólo la tomaban en verano los campesinos que trabajaban de sol a sol, que de este modo partían la tarde. La comida principal era la cena, que se hacía en familia, al final de la jornada. En ocasiones se invitaba a los amigos para celebrar las fiestas de aniversario, nacimiento y bodas. Cualquier pretexto siempre era bueno para compartir esos agradables momentos del día.

Como Roma no podía abastecer de alimentos básicos a sus habitantes, traía de las provincias conquistadas el trigo, el aceite y el vino necesarios para alimentar a la población. Los alimentos que demandaban los ricos se adquirían, sin importar el precio, en lugares lejanos que no pertenecían al Imperio.

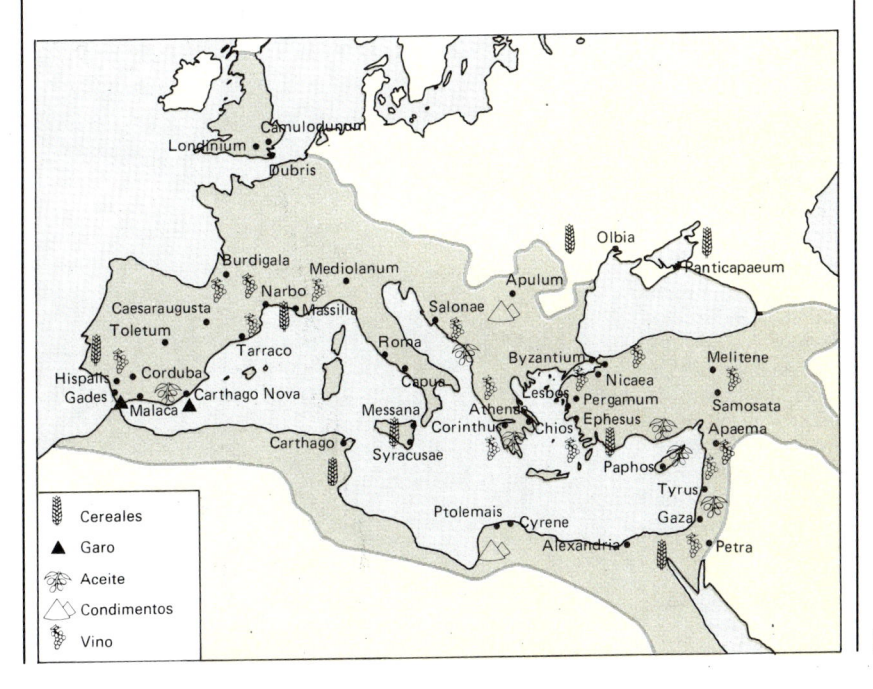

Cereales
Garo
Aceite
Condimentos
Vino

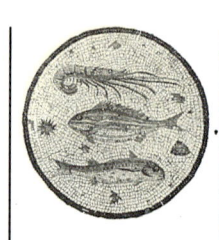

Los romanos pudientes incluían en sus banquetes mariscos en abundancia, así como pescados caros que llegaban a Roma desde los lugares más diversos. Conocían hasta ciento cincuenta clases diferentes de pescado. Sin embargo, las cenas en familia eran mucho más sencillas y los alimentos que tomaban menos refinados y abundantes que cuando tenían invitados. La mesa se montaba de forma menos protocolaria y se servía sin ceremonias. Era la comida que se hacía en familia al final de la jornada, y el momento de reunión de todos los miembros de la casa.

Los romanos opinaban que el mayor placer de la vida residía en las conversaciones en torno a las cenas. Se preparaban dos tipos de cenas, según fuese la de cada día, para los miembros de la familia, o con ocasión de alguna fiesta. En la cena diaria se tomaban lechugas, huevos duros, puerros, gachas y judías pintas con tocino magro; de postre se servían uvas, peras y castañas asadas si era el tiempo; el vino era corriente. Los menús eran muy distintos cuando tenían invitados.

Una cena de convite constaba de tres partes: el *gustus* o aperitivo, *la prima mesa* y la *secunda mesa*. El *gustus* o aperitivo se tomaba antes de la cena; consistía en una serie de alimentos para despertar el apetito: melón, lechuga, atún, croquetas, alcachofas, trufas, ostras y pescado salado. La *prima mesa* consistía en servir un sinfín de manjares variados, era el plato fuerte; se tomaba cabrito, pollo, jamón, pescados —conocían alrededor de 150 especies— mariscos y otros platos exóticos preparados con las vísceras de los animales. La *secunda mesa* la componían los postres; tomaban fruta, dulces, dátiles, pasas y vinos dulces.

Cómo comían

Los convites tenían una función social y familiar de primera categoría. Los invitados llegaban a la casa con bastante antelación. Allí les recibían los esclavos, que les recogían los zapatos y la toga; se les ofrecía un baño caliente y perfumado o se les lavaba los pies y se les perfumaba. A continuación, pasaban a una gran sala, donde el dueño de la casa tenía expuesta la vajilla para el gran banquete y les iba contando a cada uno de los invitados, a medida que iban llegando, la procedencia y excelencia de cada una de las piezas de valor. Ya en el *triclinium* —su nombre procede de los tres lechos que se colocaban en torno a la mesa— y una vez acomodados, pasaban los esclavos llevando el agua en aguamaniles para que los comensales se lavasen las manos.

La forma de distribución de los comensales alrededor de la mesa fue distinta según las épocas: tres triclinios alrededor de la mesa, dejando un lado libre para servir, o un lecho semicircular, el *stivadium*, para todos los comensales. El vino era indispensable en las buenas comidas y banquetes. Lo preparaban los esclavos, y su calidad variaba según la categoría de los invitados. Se tomaba caliente, al igual que todas las bebidas. El vino mezclado con miel, *muslum*, se servía en el *gustus* o aperitivo. Como se conservaba en tinajas o ánforas con pez y hollín de mirra, rara vez salía completamente limpio y era preciso filtrarlo.

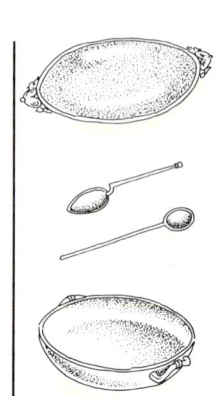

Los romanos tenían verdadera pasión por las vajillas lujosas de oro, plata, ágata, ónice o cristal; eran muy apreciadas las que procedían de Oriente, o *murrinas,* que tomaban su nombre del color y olor que tenían, parecido a la mirra. En los banquetes, el vino se servía en ricas copas de cristal o de metales nobles (a veces, recubiertos con piedras preciosas), de formas caprichosas. La bebida era abundante y repercutía en el comportamiento de los comensales, que, en ocasiones, provocaban situaciones embarazosas que obligaban al dueño de la casa a dar orden a los esclavos de que retirasen a los embriagados.

Para comer, los romanos se recostaban en *soas,* apoyándose sobre el codo izquierdo y, por tanto, comiendo con la mano derecha. La disposición de un comedor romano era muy normal; consistía en tres sofás inclinados hacia atrás, cubiertos por cojines. Se colocaban en tres lados de la mesa: de ahí el nombre de comedor (triclinio). El lado abierto era para servir.

Para servir la mesa se reservaban los esclavos más hermosos y de mejores modales. Se les vestía con ropas de colores vivos, que contrastaban con sus largas y rizadas cabelleras, que, en ocasiones, servían para que sus amos se secaran las manos en ellas. Los más agraciados servían el vino, cortaban los manjares y los ofrecían a los invitados. Los esclavos que retiraban los platos, limpiaban las mesas y recogían los desperdicios del suelo iban peor vestidos, llevaban barba y las cabezas rasuradas.

Cada invitado llevaba un esclavo *(servus ad pedes)* que permanecía siempre junto a su amo y a sus pies, pendiente siempre de prestar algún servicio a su dueño, sobre todo, cuando comía o bebía en demasía.

Dónde comían

En las casas grandes de los ricos, las cenas se celebraban en el *triclinium* de verano o de invierno, según las estaciones. En ocasiones también se utilizaban los cenadores de los jardines cubiertos de parras y madreselvas.

La mesa se preparaba con minuciosidad exquisita; se cubría con ricos manteles, tanto más fastuosos cuanta más riqueza tuviese el anfitrión, y sobre ella se colocaba la suntuosa vajilla y todos los manjares preparados. El mantel lo ponía el dueño de la casa, pero la servilleta se la traía cada comensal; ésta servía para limpiarse las manos, sonarse la nariz, limpiarse el sudor y la boca y también se empleaba para llevarse a casa los regalos con que les obsequiaba el anfitrión.

Los alimentos se tomaban con los dedos de la mano derecha y con la izquierda se sostenía el plato, hondo o plano, según la comida. Los vasos eran de gran lujo y se usaban para beber el agua y el vino. No conocían el uso del tenedor.

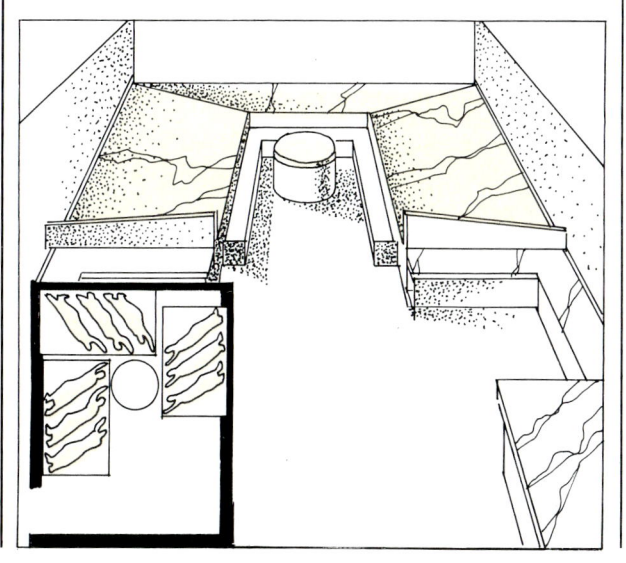

A partir del siglo I, se introdujo en Roma la costumbre de comer recostados y descalzos; para ello utilizaban el *biclinium*, sofá para dos comensales, o los triclinios, lechos cubiertos con colchones y recubiertos con tapices orientales. Los comensales comían con la mano derecha y apoyaban el codo izquierdo sobre almohadas. Según las estaciones del año, cenaban en los comedores de invierno, en una habitación abierta al jardín o en el jardín mismo, donde tenían triclinios hechos de hormigón o piedra para que la lluvia no los estropeara. Al igual que los sofás de los comedores de invierno, se recubrían con tapices a la hora de utilizarlos.

81

Las cenas, normalmente, terminaban con los brindis a los dioses implorando su protección para todos los asistentes, el Emperador y la patria. Pero en los festines, tras esta ceremonia —que aún recordaba el carácter sagrado de la cena— comenzaba la *comissatio*, sobremesa o velada nocturna que duraba, muchas veces, hasta el amanecer. Era como un segundo banquete en el que alternaban los juegos, la música, las lecturas, los discursos; actuaban comediantes y bufones; había danzas y todo tipo de espectáculos más o menos licenciosos. Los comensales se adornaban la cabeza con coronas de flores, hiedra o laurel en la creencia de que el aroma de estas plantas neutralizaría los efectos del vino.

Se nombraba un rey de la fiesta, *rex bibendi*, título que casi siempre recaía en el dueño de la casa; debía ser un experto en banquetes y vinos. Procuraba estar alegre, sin emborracharse, y cuidaba que los invitados estuviesen bien atendidos y no se embriagasen. El rey de la fiesta no debía autorizar las cosas deshonestas, pero no podía poner límites al placer.

Pocos ricos, muchos pobres

Contrastaba terriblemente con este modo de vida, que disfrutaban unos pocos, la existencia precaria y mísera de la gran mayoría del pueblo romano, que vivía pobremente e incluso sobrevivía gracias a la mendicidad y al reparto de trigo que hacía el Estado *(annona)*. A estas ayudas tenían derecho, en un principio, todos los ciudadanos, sin distinción social, e incluso algunos patricios se aprovechaban de estos repartos. En tiempos de César eran unos 320.000 los beneficiados; con Augusto, se redujo a 200.000 (es difícil precisar si estas cifras coincidían o no con el número de indigentes que tenía Roma en aquella época). La cantidad que se repartía era

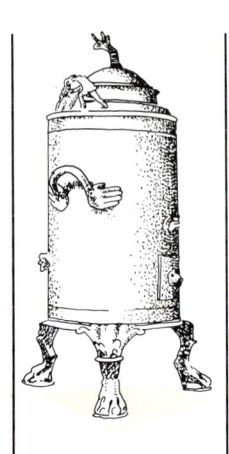

Los romanos acostumbraban a tomar el vino caliente mezclado con agua. La mezcla se hacía en la *crátera*, que era un gran recipiente con patas. Para sacar el vino de ella y escanciarlo en las copas utilizaban un vaso con un mango largo *(cyathus)*. Las cráteras, de origen griego, solían estar profusamente decoradas. Este dibujo representa un calentador de líquidos encontrado en Pompeya. Se utilizaba para calentar el agua durante los banquetes.

inmensa, pero las raciones eran escasas. Augusto duplicaba las raciones en épocas de escasez.

La emigración de los campesinos a la ciudad fue en aumento y creció el número de mendigos que poblaban las calles y las plazas de Roma. La crisis agraria, las continuas guerras y la falta de estímulo para el trabajo agudizaron la situación. Muchos de estos pobres no tenían lugar fijo donde dormir; cargados con su colchón, al llegar la noche, lo extendían en los pórticos, en los bosques e incluso en el Foro. La picaresca era frecuente entre esta masa de harapientos que fingían, para mover a compasión, ser náufragos, tener una pierna rota, padecer de ceguera o de epilepsia; otras veces cantaban pícaras coplillas por las calles, acompañándose de instrumentos sencillos. Las gentes, movidas a compasión unas veces y, otras, por el ingenio de las coplas, les daban limosna y, normalmente, se sacaban cada día un buen jornal.

Este aspecto de la vida romana es el lado sombrío del gran Imperio, y la consecuencia lógica del inmenso desarrollo que experimentó Roma, centro de la política, de los placeres y de los negocios de todo el mundo mediterráneo.

Músicos ambulantes recorrían las calles de Roma acompañándose de crótalos, címbalos, tambores, flautas y triángulos. Se les unía un cortejo de mendigos, niños y desocupados que, al pasar por las casas de los ciudadanos poderosos, entraban en ellas y eran obsequiados con regalos y comida. Arriba, relieve romano del Museo Vaticano, mostrando un gran molino movido por un caballo. El pan no fue un artículo de uso común entre los romanos hasta alrededor del 200 a. C. Antes de esas fechas, con la harina de trigo se hacía una sopa, el *puls*, comida típica de los romanos pobres.

9

Trabajo y esclavitud

En Roma, como en la mayoría de las sociedades de la Antigüedad, el trabajo manual era considerado indigno de un ciudadano que se preciase de serlo. Los ciudadanos debían dedicarse a actividades útiles y la más provechosa y merecedora de este calificativo era la política. En ella gastaban enormes fortunas para hacer una carrera de la que posteriormente sacarían grandes beneficios. Así pues, gran parte de la prosperidad económica del pueblo romano se debió al trabajo de los esclavos que, sobre todo a partir del siglo II a.C., llegaron en gran número procedentes de las victorias en las guerras exteriores. Julio César puso en venta un millón de ellos durante la Guerra de las Galias (58-51 a.C.).

Pero no sólo trabajaban los sometidos a esclavitud. Aunque a ellos les fuesen reservados la

Roma se abastecía de esclavos que provenían de las conquistas militares, generadoras de innumerables prisioneros de guerra. Los esclavos eran expuestos en los mercados, donde los adquiría el mejor postor. En Delos, el mercado de esclavos más importante durante la República, llegaron a venderse en un día hasta diez mil. Con el refinamiento de las costumbres, el número de esclavos requeridos por la sociedad romana fue creciendo ininterrumpidamente. A pesar de todo, no escasearon hasta la crisis del siglo III.

mayoría de las veces los trabajos más duros, los individuos libres menos favorecidos por la fortuna y los pobres desempeñaban actividades que eran más o menos variadas según habitasen en el campo o en la ciudad; y si no estaban en la indigencia, generalmente se hacían ayudar por algún esclavo que adquirían en el mercado más cercano.

El trabajo rural

La agricultura era la actividad mejor considerada. Las grandes explotaciones agrícolas pertenecientes a la aristocracia terrateniente eran trabajadas por esclavos que vivían en las fincas todo el año bajo la vigilancia de un capataz que, en ocasiones, era un esclavo de confianza o un liberto.

Había también campesinos libres que trabajaban directamente sus tierras con ayuda de la fa-

Un esclavo encorvado conduce una vaca, pasando frente a los santuarios erigidos a lo largo del camino. Bajorrelieve del siglo I a. C. En esta época apenas había pequeños campesinos independientes. Lo habitual eran las grandes propiedades trabajadas por esclavos.

Las explotaciones agrícolas de gran envergadura pertenecían a los ricos, que habitaban en las ciudades y sólo las visitaban de cuando en cuando.

milia, y otros que arrendaban parcelas a los grandes terratenientes, a quienes podían pagar la renta con dinero o con productos de la cosecha.

Si los campos de cultivo se encontraban cerca de una ciudad, los campesinos llevaban a vender diariamente sus cosechas al mercado, pues solían ser productos perecederos como frutas, hortalizas y verduras frescas de gran aceptación en las urbes.

Pero si el mercado quedaba lejos o se trataba de una gran explotación, el cultivo de estos productos de consumo inmediato quedaba reservado para el alimento diario de los dueños y trabajadores, y la mayor parte del terreno se dedicaba a la producción de trigo, viñedos y olivos.

La época más activa del año para el que trabajaba en el campo era el otoño. Había que segar el trigo, recoger las uvas y aceitunas, que después serían pisadas y prensadas para obtener vino y aceite que almacenaban en tinajas de barro precintadas con brea para su posterior venta o consumo. Era el momento también de la matanza, de embutir y conservar la carne, esquilar las ovejas y de hacer, en fin, todas las tareas que precedían al largo invierno.

El resto del año, la actividad consistía en preparar y sembrar las tierras, construir y reparar instalaciones, tejer cestos y colmenas, fabricar queso con la leche de cabra, y realizar trabajos de alfarería, carpintería y forja, dependiendo siempre de las necesidades. Mientras, las mujeres curtían las pieles e hilaban la lana de las ovejas, la tejían en telares y confeccionaban los vestidos. Eran en realidad agricultores-artesanos.

Los esclavos pastores de rebaños eran los que menos alterado veían su ritmo de trabajo a lo largo del año y, lejos de la vigilancia del capataz, los que disfrutaban de mayor libertad.

La suerte más miserable la corrían los mineros. Las condiciones de vida y trabajo en las minas eran tan penosas que sólo eran sometidos a esta labor los esclavos y los criminales condenados a trabajos forzados, cuyo castigo implicaba la pérdida de libertad. La mortalidad en las minas, debida a las enfermedades y continuas catástrofes, era tan elevada que los mineros suscitaban la compasión de sus contemporáneos.

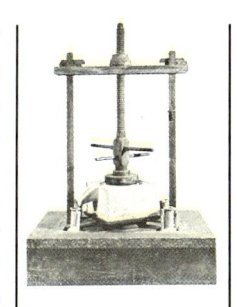

Utensilios agrícolas. De izquierda a derecha, podadera, rastrillo (sin el mango), pala, *rallum* (utensilio en el que un extremo es un aguijón para azuzar a los animales y el otro un rascador para limpiar el arado), yugo para pareja de bueyes y arado romano, un diseño que aún se utiliza en muchas partes del mundo. Arriba, prensa de aceite.

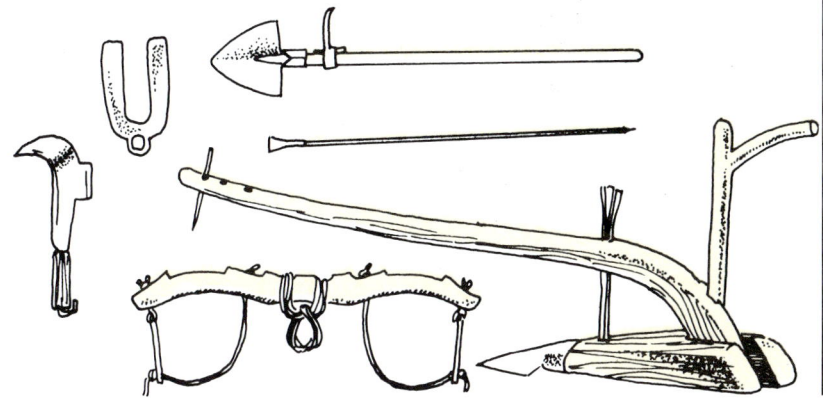

Oficios habituales en Roma. La extracción de metales y su posterior transformación adquirió gran desarrollo en el mundo romano. En la metalurgia consiguieron descubrimientos importantes, como el latón, mediante la aleación de cobre y cinc. Abajo, panadería; el pan era cocido en hornos de leña. Para moler el trigo se utilizaban dos grandes piedras planas (muelas) de forma circular con un agujero en el centro, y se hacían deslizar una sobre la otra por medio del movimiento constante de un animal de tiro que iba atado al extremo de un brazo del eje central (ver página 83, figura superior).

Las actividades urbanas

Si, como hemos visto, en el campo apenas había especialización en el trabajo, y el agricultor era al mismo tiempo artesano, en las ciudades cada individuo, libre o esclavo, desempeñaba una tarea que podía ir desde la manufactura y el comercio (la actividad peor considerada), hasta el ejercicio de una profesión libre como la de médico, maestro o banquero, que tampoco tenían la consideración de hoy.

Las ciudades romanas estaban llenas de talleres y tiendas. Tejedores, zapateros, orfebres y alfareros entre otros, vendían sus productos al público en el mismo lugar donde los realizaban. También abundaban los comerciantes de alimentos, y junto a las panaderías y los puestos de venta de verduras o pescado, aparecía el comercio de comida preparada.

Una imagen habitual en las urbes eran las obras de construcción y restauración de edificios que movilizaba gran cantidad de especialistas. Albañiles, canteros, carpinteros, fontaneros, vidrieros, pintores y masas de esclavos eran dirigidos por el arquitecto que había proyectado la obra.

Por su parte, el Estado mantenía servicios públicos como la extinción de incendios y las termas, atendidas todas ellas por población esclava. También los talleres de fabricación de armas eran en su mayoría de propiedad estatal. Y para mantener el orden en las concurridas calles había patrullas de policías que las recorrían continuamente.

Los puertos de las ciudades costeras soportaban el tránsito de navíos que transportaban mercancías, ejércitos y viajeros. El mar era fuente importante de ingresos, además de proporcionar una de las bases de la dieta alimenticia, el pescado.

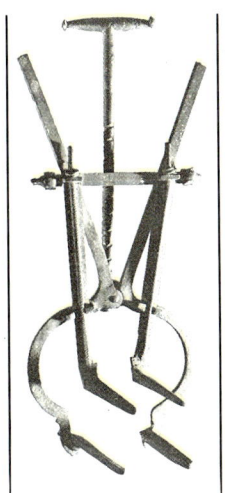

Arriba, instrumento quirúrgico romano llamado *speculum*. Abajo, herrero y afilador, junto con diversos tipos de cuchillos, sierras, etcétera.

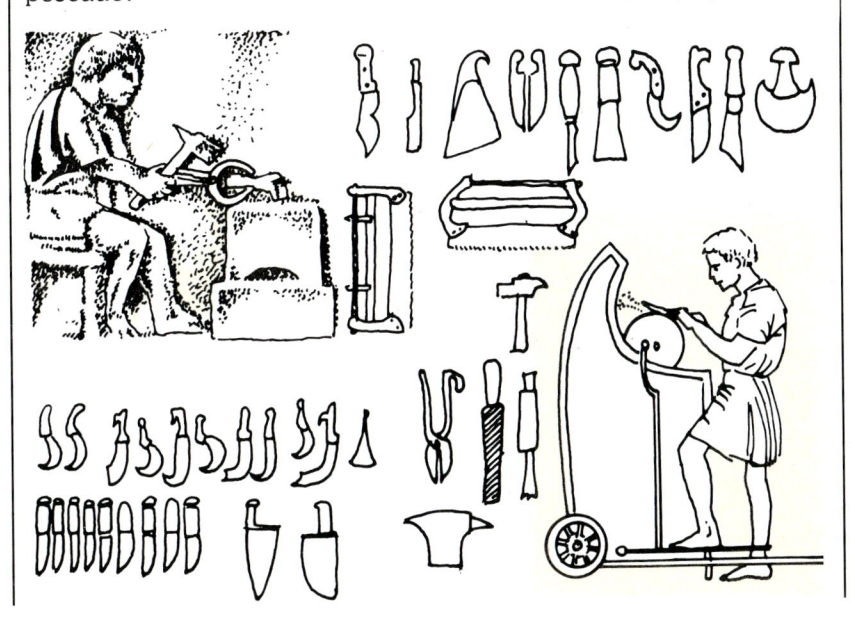

Amos y esclavos

Si la esclavitud fue la base de la economía en la época de mayor auge, no es extraño que muchos amos viesen en los esclavos el secreto de su riqueza. El esclavo, propiedad absoluta de su dueño, estaba totalmente sujeto a él. Carecía de personalidad jurídica, de propiedad y hasta de familia, porque su matrimonio, aún con permiso del amo, se consideraba un simple concubinato, y los hijos eran propiedad de su dueño.

Pero la suerte de los esclavos no siempre era miserable. Los que estaban al servicio directo de sus amos, los esclavos domésticos, recibían un trato de favor y cuando entraban por primera vez en la casa se celebraba una ceremonia de acogida. El recién llegado se colocaba delante de las divinidades familiares, que a partir de ese momento serían también las suyas, y el dueño le echaba agua sobre la cabeza en señal de purificación.

Los esclavos de nacimiento, es decir, aquellos hijos de esclavos que pertenecían por derecho a un amo, habían nacido en su casa y en ella habían sido educados, disfrutaban de mayor confianza e independencia que los demás y formaban una clase privilegiada entre la servidumbre.

El dueño era el primer interesado en mantener sanos y fuertes a sus siervos. Los había adquirido como instrumentos de trabajo y como tales debía cuidarlos para sacarles el máximo rendimiento. El valor de un esclavo para su amo, excepciones aparte, era el de su precio de compra. Por eso no resulta extraño que alguno aconsejase vender o abandonar a los servidores viejos y enfermos para evitar gastos inútiles.

No obstante, hubo esclavos en Roma que recibieron el mismo trato que los hombres libres, ya fuese por la humanidad de sus amos o por el trabajo intelectual que desarrollaban. Este era

---

Los tratantes de esclavos ejercían su comercio públicamente o en las tiendas especializadas. Los precios variaban según la edad y las cualidades del esclavo. Del cuello de cada uno de ellos colgaba un cartel en el que se indicaba la nacionalidad y sus capacidades. Curiosamente, lo que más hacía subir los precios era su inteligencia y su aptitud para determinados oficios, no su fuerza física. Arriba, chapa de bronce que el esclavo llevaba al cuello. En la chapa está escrito: «Detenedme si escapo y devolvedme a mi dueño».

el caso frecuente de los esclavos instruidos y de educación refinada, procedentes de regiones, generalmente de Grecia, con una civilización que, en cierto modo, el amo consideraba superior a la suya. A tales hombres confiaron algunos amos la educación de sus hijos y de ellos se sirvieron como secretarios y administradores.

Instaurado el Imperio en Roma y acabadas las grandes conquistas, a lo largo de los tres primeros siglos de nuestra era, las anteriores masas de esclavos fueron reduciéndose y el valor y condición de los que subsistieron mejoró. Las diferencias existentes entre los individuos libres y los esclavos eran cada vez menores. Al tiempo que se descomponía el Imperio romano se producía una unificación de los sectores sociales. Antiguos esclavos desempeñaron importantes funciones de gobierno y el emperador Diocleciano (siglo III de nuestra era) era hijo de un esclavo que había comprado su libertad.

Las labores agrícolas, como la prensa de las aceitunas, corría a cargo de los esclavos de la casa. Arriba, el emperador Diocleciano, hijo de un esclavo que había comprado su libertad.

Glosario

anfiteatro
Edificio de planta elíptica, con gradas orientadas hacia el interior; la zona central se utilizaba para la representación de espectáculos de gladiadores o fieras.

atrio *(atrium).*
Es el centro de la casa romana. Los dos tipos más frecuentes eran el toscano, sin columnas, en el que el peso del techo es sostenido únicamente por las vigas, y el tetrastilo, con una columna en cada uno de los cuatro ángulos del *impluvium.*

Bética
Provincia romana que abarcaba la parte sur de la Península Ibérica.

Campania
Región del sur de Italia. Su capital es Nápoles.

Capitolio
Una de las siete colinas de Roma. En ella mandó construir el rey Tarquinio un templo dedicado a los dioses Júpiter, Juno y Minerva. También se designa con este nombre a los templos más importantes de otras ciudades.

colegios *(collegia).*
Agrupación corporativa que asociaba a los diferentes miembros de un edificio, *estatus* social o profesión. Se ha dicho que fueron el antecedente de los gremios de la Edad Media.

corporación
Agrupación que defiende los intereses de un grupo social que tiene un mismo *estatus* o profesión.

cursus honorum
Se denomina así a la carrera política de los ciudadanos nobles romanos.

Estoicismo
En la civilización grecorromana, el estoicismo fue una filosofía, un modo de vida y una concepción del mundo, que tuvo una enorme influencia en la política y la sociedad romana. La ética estoica se basa en el ejercicio constante de la virtud y en la propia autosuficiencia, que permite al hombre desasirse de los bienes externos y conseguir la felicidad.

etruscos
Antiguo pueblo de la región de Etruria, en Italia, situada al sur de los Apeninos, entre los ríos Tíber y Arno. Se extendieron, durante los siglos VII y VI a.c., hacia el Lacio y la Campania, llegando hasta los Apeninos, por el Norte. Alcanzaron su máximo desarrollo en el siglo VI a.c., pero en el siglo V a.c. eran tan sólo una débil confederación que pronto fue dominada por Roma. Los romanos adoptaron muchos de los rasgos propios de la civilización etrusca, desde elementos artesanales a los religiosos.

Flavios
Nombre dado a los miembros de dos dinastías que gobernaron el Imperio Romano. A la primera dinastía pertenecieron los emperadores Vespasiano, Tito y Domiciano, del siglo I de nuestra Era. Fueron impulsores de importantes obras en Roma. A la segunda dinastía, independiente de la primera, pertenecieron Constantino el Grande y Juliano el Apóstata.

Foro
Plaza donde se reunía el pueblo de Roma para tratar de los negocios públicos y privados.

gens
Conjunto de diversos romanos de una misma familia que teóricamente procede del mismo linaje.

gimnasio *(gymnasium).*
En el mundo clásico, lugar destinado a los ejercicios pugilísticos y gimnásticos en general. De origen griego, a partir del siglo V a. C. se impartían igual lecciones de filosofía, retórica, etc. Equivale a palestra.

hecatombe
Aunque al principio se denominaba así, en Grecia y Roma, al sacrificio de cien bueyes a los dioses, después se aplicó a cualquier sacrificio solemne con muchas víctimas.

impúber
El que no ha alcanzado la pubertad. Los impúberes no podían contraer matrimonio, ni reali-

zar ningún acto jurídico. La pubertad se alcanzaba legalmente a los 14 años.

Juvenal
Poeta satírico latino del siglo I d.C. Autor de numerosas sátiras, al parecer fue condenado al destierro por su franqueza.

magistrado
Cargo público que ostentaba el poder ejecutivo, judicial y militar y actuaba como ministro. Para ser magistrado era condición imprescindible ser varón y pertenecer a una familia importante.

mampostería
Obra de albañilería hecha con mampuestos o piedras sin labrar, unidas con argamasa o mortero, yeso, cal, cemento, etc.

mosaico
Obra compuesta de trocitos (teselas) de piedra, mármol, alfarería, esmalte o vidrio, de diversos colores y cuya reunión forma una composición o dibujo.

orfebre
Artesano especializado en el trabajo de los metales preciosos.

paterfamilias
Padre de familia que ejercía la *potestas* de la casa, sin estar sometido a la *potestas* de nadie. Con este nombre se designa su persona y su derecho.

patricios
Ciudadanos romanos que ostentaban los máximos privilegios. Su poder político disminuyó durante el Imperio, pero mantuvieron siempre el predominio social.

pedagogo
Para los romanos, el pedagogo era el acompañante del niño, que sustituía al padre en su función de educador. Recibía al niño de manos de la nodriza (que le había criado casi con independencia de la madre) y no le perdía de vista ni de día ni de noche, ayudándole en la preparación de sus lecciones. Los pedagogos solían ser esclavos de origen griego.

peristilo *(perystylum)*.
Patio rodeado de columnas sosteniendo un pórtico. En las casas particulares, con frecuencia ocupado por un jardín.

plebe
Ciudadanos romanos, no aristócratas, enfrentados a los patricios. Servían en el ejército y podían llegar a ser tribunos. La distinción entre patricios y plebeyos fue muy radical al principio de la República, pero fueron consiguiendo derechos legales.

pretor
Nombre que se daba al magistrado encargado de supervisar la administración de justicia y el buen funcionamiento de los tribunales.

relieve
Escultura que permanece adosada a un fondo; puede estar tallada con mucha profundidad (alto relieve) o superficialmente (bajo relieve).

Retórica
Conjunto de técnicas y «recetas» que permitía adquirir el arte de la elocuencia. Para ser admitido en el Senado era importante dominarla.

samnitas
Pueblo itálico de rudos montañeses, muy belicoso, que practicaban el nomadismo pastoril. Estaban organizados en tribus y sometidos a una aristocracia de tipo feudal. Guerrearon con los romanos a partir del siglo IV a.C.

Séneca
Escritor, filósofo y político, nacido en Córdoba el año 3 a.C. Asumió el estoicismo como filosofía moral.

sestercio
Moneda romana de plata que se representaba con el signo HS, equivalente a dos *ases* y medio o a un cuarto de *denario*.

sibila
Nombre que se daba y se sigue dando en la actualidad a las adivinas. El nombre viene dado por extensión de la sibila de Cumas.

Indice alfabético

acueducto, 4, 40,
Adriano, 23, 39
Alba Longa, 5
Albanos, montes, 4
Alejandro Magno, 4
Alpes, 4
Ambracia, 76
andamiajes, 36
anfiteatro, 65, 66, 69
Aníbal, 4
annona, 65, 76, 82
arco, 41
argamasa, 34
arúspices, 59
Asdrúbal, 4
atelanas (atellanae), 63, 64
Atenas, 4
Atica, 76
atrium (atrio), 31, 51
augures, 57
Augusto, 56, 72, 83
aurigas, 67

Baco, 56
bóvedas, 39, 41
bucco, 64

Calcedonia, 76
calcei, 47
calzadas, 37
callus, 70
Campania, 68
Capitolio, 54, 66
cardo, 25
cartagineses, 4
castrum, 24
Catón el Viejo, 5
cavea, 63
cena, 77
Ceres, 65
Cibeles, 56
cimbra, 41
cingulum, 16
Circo, 65, 66
Circo Máximo, 9, 66
clavus, 45
cliente, 22
cloacas, 40, 41
cocina, 32
cognomen, 12
Coliseo, 9, 66
collegia juvenum, 14

comedias, 64
comidas, 76-78
comissatio, 82
compluvium, 31
confarreatio, 17
contubernium, 23
crátera, 82
crepitacula, 12
Cumas, sibila de, 58
cursus honorum, 14

Dafne, 76
Danubio, río, 71
danzantes, 63
decemvin, 55
decenviros, 58
decumanus, 25
deductio, 17
dextrorum coniuctio, 17
dies festi, 62
Diocleciano, 91
Diodoro de Halicarnaso, 4
Diodoro Sículo, 4
Dioniso, 56
divorcio, 18
domina, 13
domus, 28, 30, 32
doseno, 64

Eneas, 5
entierros, 53
esclavos, 10, 20, 21, 45, 63, 79, 80, 84, 88, 90, 91
escritura, 13
estola, 46
etruscos, 4, 30, 68

fascia pectoralis, 46
fíbula, 46
Flamen Dialis, 17
flamines, 55
flammeum, 16
Foro, 65, 66, 68, 73, 83
fritilla, 76

Galeno, 12
Galias, Guerra de las, 84
gens, 12
Germania, 49
gladiadores, 68, 69
grammaticus (gramáticos), 13, 20

Grecia, 91
groma, 43
grúa, 36
Guinea, 76
gustatio, 79
gustus, 78
gymnasium, 13

hecatombe, 60
herrero, 89
hipocausto, 73
hipodámica, planta, 25
Hipodamos, 24
Hircania, 71
Hispania, 76
histriones, 63
Homero, 13
Horacio, 72

ientaculum, 77
impluvium, 31
India, 76
insulae, 28, 29
Isis, 56
Itálica, península, 4

joyas, 47
juegos, 72
Julio César, 5, 12, 82, 84
Juno, 54
Júpiter, 54, 58, 60
justas bodas, 11, 16, 18-20
Juvenal, 26, 29

kyria, 13

Lacio, 5
lararío, 51
lares, 51, 52
larvas, 53
lectisternios, 54
lemures, 53
libertos, 20, 21
ludi cereales, 65
ludi florales, 65
ludi gladiatori, 68
ludi magister, 20
ludi publici, 62, 72
lupercii, 55
lustraciones, 58

macco, 64
magni ludi romani, 65

maestros, 20
manes, 52, 53
máscaras, 64
Marco Antonio, 6
Marte, 5, 61
matrimonio, 15, 16
médicos, 12
merenda, 77
Minerva, 61
Mitra, 56
mobiliario, 33
«mola salsa», 59
Monarquía, 6
mujeres, 19
músicos, 83
muslum, 79

Nerón, 72
nodrix, 12
nomen, 12
Numitor, 5, 6
nutritor, 12

adómetro, 38
oficios, 88
Olimpo, 50
opus incertum, 36
opus mixtum, 36

palaestra, 13, 75
Palatino, 4
palla, 46
panegírico, 52
panen et circenses, 65
pantomima, 64
pappo, 64
paterfamilias, 12, 15
patria potestas, 15
patricios, 10, 22, 82
pavimentum, 37
peculium, 15
pedagogo, 12, 13
penates, 52
pergulae, 28, 32
Pericles, 4

peristylum, 32
Persia, 76
pie romano, 38
plebeyos, 10
polea, 36
polenta, 76
Polibio, 5
Pompeya, 24, 30, 31
— Teatro, 62, 63
Pontifex, 17, 55
praenomen, 12
prandium, 77
prima mesa, 78
primavera votiva, 60
pronuba, 16, 17
puentes, 4, 40, 41
puls, 83

República, 5, 6
retiarii, 70
Retórica, 13
rex bibendi, 82
Roma (maqueta), 9
Rómulo y Remo, 5

Sabinas, rapto de las, 17
Sabinos, montes, 4
salii, 55
Salustio, 5
salutatio, 20, 22
samnitas, 70
schola, 13
secunda mesa, 78
Séneca, 49
servus ad pedes, 80
sestercios, 65, 72
Sibilinos, libros, 58, 60
soas, 80
speculum, 89
sportula, 22
stivadium, 79
stola, 46
suovetaurilia, 59, 60
supparum, 46

tabernae unguentariae, 49
tablinum, 31
tabulae nuptiales, 17
taca-taca, 11
Tácito, 5
talasse, 17
Tarento, 76
Tarquino el Soberbio, 58
teatro, 62, 63
termas, 73
— de Stabia, 74-75
Tesalia, 71
Tíber, río, 4, 6
Timgad, 24, 25
Tito, emperador de Roma, 71
Tito Livio, 5
toga, 22, 45, 47, 79
— picta, 45
— praetexta, 45
— pura, 45
— purpurea, 45
— virilis, 14
torreones, 39
torres vigías, 39
tragedias, 64
Tríada Capitolina, 50
triclinium (triclinio), 79-81
tropheus, 12
túnica, 45, 46

univira, 19
utensilios
— agrícolas, 87
— metalúrgicos, 89

venationes, 71
vertere pollicem, 70
Vespasiano, 11
Vesta, 5, 51, 52
vestales, 55
vestibulum, 31
villae, 28
vino, 82
Vitrubio, 38

Yelmos, 68

Bibliografía

Amery, H., y Vanags, P.: *A través del tiempo: Roma y los romanos*. Plesa-S. M., Madrid, 1981.
Aries, Ph. y Duby, G.: *Historia de la vida privada, I. Del Imperio romano al año mil*. Taurus, Madrid, 1987.
Caselli, G.: *El Imperio Romano y la Europa medieval*. Colección «La Vida en el Pasado». E. G. Anaya, Madrid, 1985.
Caselli, G.: *La vida a través del tiempo*, Colección «Ventana al Mundo». Plaza Joven-Círculo de Lectores, Barcelona, 1987.
Conolly, P.: *Pompeya*, Colección «La Vida en el Pasado». E. G. Anaya, Madrid, 1987.
Conolly, P.: *La vida en tiempos de Jesús de Nazareth,* Colección «La Vida en el Pasado». E. G. Anaya, Madrid, 1985.
Forman, J.: *Romanos*, Colección «Pueblos del Pasado». Ed. Molino, Barcelona, 1979.
Guillén, J.: *Urbs Roma. Vida y costumbres de los romanos*. Ed. Sígueme, Salamanca, 1981.
Macaulay, D.: *Nacimiento de una ciudad romana*. Ed. Timun-Mas, Barcelona, 1979.
Mangas, J., Vatinel, J. L. y Muñiz, J.: *Vida cotidiana en Roma (1)*. Cuadernos Historia 16, n.º 111. Madrid, 1988.
Miguel, P.: *En tiempos de los romanos,* Colección «La vida de los hombres». Ed. Molino, Barcelona, 1979.
Montero, S., Mangas, J., y Cid, Rosa M.: *La religión romana,* Cuadernos Historia 16, n.º 80. Madrid, 1985.
Paoli, U. E.: *Urbs. La vida en la Roma antigua*. Ed. Iberia, Barcelona, 1981.
Roldán, J. M., González, C. y Rodríguez, J. F.: *Vida cotidiana en Roma (y 2)*. cuadernos Historia 16, n.º 112, Madrid, 1988.
Usher, K.: *Emperadores, dioses y héroes de la mitología romana*. E. G. Anaya, Madrid, 1985.